ÉDOUARD ROD

LA COURSE
À
LA MORT

NOUVELLE ÉDITION

AVEC PRÉFACE DE L'AUTEUR

PARIS

BIBLIOTHÈQUE DES DEUX-MONDES

FRINZINE ET Cie ÉDITEURS

1, RUE BONAPARTE, 1

1886

COURSE A LA MORT

DU MÊME AUTEUR

*L'Autopsie du docteur Z****, 3ᵉ édition
La Femme d'Henri Vanneau.

ÉDOUARD ROD

LA
COURSE A LA MORT

Nouvelle Édition

AVEC PRÉFACE DE L'AUTEUR

PARIS

BIBLIOTHÈQUE DES DEUX MONDES
L. FRINZINE ET Cie, ÉDITEURS
1, rue Bonaparte, 1

—

1886

PRÉFACE

*Ce livre a été trop discuté pour que j'en
puisse laisser paraître une édition nouvelle sans
entrer dans quelques explications : tout inutiles
que les préfaces sont aux œuvres, qui doivent
se suffire à elles-mêmes, il arrive parfois qu'elles
sont nécessaires aux auteurs que des raisons de
convenance empêchent d'intervenir dans les polé-
miques de presse engagées autour d'eux.*

La plupart des critiques ont pris la Course à
la Mort *pour une sorte de catéchisme pessimiste,
tiré de la philosophie de Schopenhauer. C'est là
un malentendu, qui a sans doute pour cause*

l'habitude invétérée de confondre l'auteur avec ses personnages, et qui fait nécessairement prendre pour un exposé de convictions personnelles l'analyse — plus ou moins subjective, cela ne regarde personne — d'un état d'âme plus ou moins général. Je ne me propose point de faire ici une confession de foi ; pourtant, je ne puis m'expliquer entièrement sans dire qu'à mon sens, la tristesse n'est pas plus un système que la gaîté n'est une « tradition ». On est triste ou gai selon son tempérament particulier, sa santé, les circonstances dans lesquelles on se trouve : il n'y a que les pîtres de lettres qui s'efforcent de rire pour faire rire, ou de pleurer parce que la mélancolie est à la mode, et il est également absurde de vouloir démontrer aux autres que la vie est bonne parce qu'on la trouve telle, ou mauvaise parce qu'on croit avoir à s'en plaindre. Qu'on ne prenne donc pas les cent pages de « phi-

losophie » qui forment la seconde partie de mon livre pour l'expression de ma conception de la vie : les idées qu'elles renferment sont-elles de moi, ou les ai-je puisées, comme on me l'a reproché, dans Schopenhauer, Hartmann, Léopardi, ailleurs encore, c'est là une question indifférente. Je les ai développées, parce que je les ai crues nécessaires à déterminer la physionomie complète de mon personnage, dont j'ai voulu montrer le mécanisme intellectuel comme le mécanisme sentimental. Plusieurs de mes amis m'ont engagé à supprimer cette partie, la trouvant déplacée dans un roman. Je la maintiens cependant : d'une part, le jeu des idées est inséparable de celui des sentiments et des sensations, et il me paraît nécessaire de lui faire sa part dans une monographie ; d'autre part, je ne sais jusqu'à quel point la Course à la Mort peut rentrer dans le genre « roman », et, si j'avais trouvé un autre terme pour la désigner, je n'aurais point hésité à l'employer.

Cela dit, je ne fais aucune difficulté pour reconnaître que, — quelque impersonnel qu'il puisse être et quoiqu'il ne tende point à ajouter des arguments nouveaux aux divers réquisitoires dressés contre la Vie, — mon livre rentre dans le courant pessimiste, comme la plupart des œuvres contemporaines. Or, depuis un certain article qui a fait beaucoup plus de bruit que de raison, la critique est partie en guerre contre ce courant. Il serait facile de répondre que, puisque la tristesse est un état, il est au moins illogique de l'attaquer comme système, et que ceux-là même qui reprochent à la nouvelle génération son pessimisme le font en parlant sans cesse de maladie et de névrose, en sorte qu'ils se comportent comme un médecin qui, au lieu de chercher des remèdes pour ses clients, leur ré-

péterait pendant toute la durée de sa visite :
« Pourquoi donc ne vous portez-vous pas
bien ?... Voyez-moi : je vais, je viens, je mange
de tout : vous n'avez qu'à en faire autant ! »
— Mais j'aime mieux discuter leur accusation
essentielle, qui n'est autre d'ailleurs que l'antique
accusation qu'on a toujours dirigée contre tous
les nouveaux courants d'idées. M. Sarcey l'a
très nettement formulée : « Ce qui me chagrine
dans les livres comme ceux-là[1], dit-il dans un
article d'ailleurs très bienveillant, c'est l'influence qu'ils peuvent prendre sur les générations
nouvelles. Je ne crois pas qu'ils mordent aisément
sur des esprits bien constitués et robustes ; mais
beaucoup de jeunes gens sont malades ou affectent
de l'être ; et c'est tout un en ces sortes d'affaires.
M. Edouard Rod les fournit de sophismes cap-
tieux, dont ils peuvent s'excuser à eux-mêmes

[1] *Nouvelle Revue* du 1er septembre.

leur mépris de l'action, leur dégoût du travail. » *Ainsi, tout pessimisme serait un ferment de corruption, et nos décevantes études, parce qu'elles ne montrent pas l'homme victorieux et satisfait, parce qu'elles découvrent ses plaies morales, parce qu'elles analysent ses faiblesses et ses impuissances, énerveraient la jeunesse et l'empêcheraient de se former pour la lutte de l'existence.* — *Mais, répondrai-je à ces moralistes, la vie intellectuelle est tout à fait séparée de la vie pratique. Chacun n'a qu'à s'examiner un peu pour voir la différence qu'il y a entre ce qu'il pense et ce qu'il fait. Schopenhauer, on le sait, vivait exactement comme tout le monde; M. de Hartmann, qui a dressé du bien et du mal un bilan si lamentable, est, dit-on, un excellent père de famille ; enfin, la plupart des écrivains dont les tendances paraissent inquiétantes et corruptrices, ont une vie laborieuse, honnête et saine.*

Comment donc la sincère expression de leurs idées pourrait-elle corrompre quelqu'un, alors que les idées en question ne les ont pas corrompus eux-mêmes? Et puis, ne serait-il pas temps de réserver ce reproche d'immoralité pour les œuvres fausses et vulgaires qui abêtissent l'esprit et ravalent la conscience, pour la sale opérette et l'inepte chansonnette contre lesquelles personne ne songe jamais à s'indigner, pour les basses pièces qui prêchent le respect de la dot, le culte de l'argent, l'idolâtrie du succès? — Heureusement, il en est de ce reproche comme de tous les reproches mal fondés : on en reconnaît tôt ou tard l'injustice.

Je voudrais insister encore sur quelques questions purement littéraires qu'a aussi soulevées la Course à la Mort. *Mais cette préface me paraît déjà trop longue, et, sur ces questions-là, je me réserve de m'expliquer ailleurs. Il ne me reste donc plus qu'à remercier les critiques qui ont parlé de mon livre avec sympathie : plusieurs sont des amis, dont la vie est parallèle à la mienne, et quelques-uns se sont exprimés avec une chaleur de cœur qui montre combien le redouté pessimisme est en réalité peu desséchant ; d'autres me sont étrangers ou appartiennent à une génération différente : certains des sentiments que j'ai essayé de dépeindre les ont étonnés, mais presque tous ceux qui ont cru devoir combattre à propos de moi les tendances dont ils s'inquiètent, l'ont fait sans se départir d'une grande bienveillance. Qu'il me soit permis de leur exprimer aux uns comme aux autres — aux premiers surtout, aux amis de la veille — toute ma reconnaissance.*

Paris, octobre 1885.

ÉDOUARD ROD.

LA COURSE A LA MORT

I

Paris, 10 septembre 18..

... Je relis de temps en temps les notes que j'aime à prendre sur moi-même, et je conviens volontiers que, si je n'étais pas directement en cause, je trouverais peu d'intérêt au développement de ma vie. Les faits manquent beaucoup : il ne m'est jamais rien arrivé ; ou, quand il m'arrivait quelque chose, je m'en apercevais à peine : les événements se changeaient tout de suite en sensations qu'une analyse immédiate et inconsciente s'empressait de décomposer. — J'ai perdu des êtres qui m'étaient chers et je les ai pleurés, mais mes larmes ne jaillissaient pas de ma douleur comme d'une source vive : ou bien j'hésitais à les répandre et les refoulais, par je ne sais quelle pudeur qui m'interdisait l'affliction même devant moi seul; ou ma volonté contribuait à mon désespoir, et je me jouais à moi-même une espèce de comédie. J'ai aimé, — si l'on peut donner le nom d'amour à un sentiment né de la solitude et du désir, qui se produit, se développe, se satisfait sans remplir le cœur, qui laisse l'imagination libre, qui ne s'étend ni jusqu'à l'oubli radieux des joies complètes ni jusqu'à l'égoïste absorption des vraies douleurs. J'ai eu aussi des ambitions : j'ai commencé de grands ouvrages qui sont restés inachevés sans que je le regrette ; un temps, j'ai rêvé les luttes de la politique, et j'y ai renoncé par une sorte de fatigue anticipée, avant d'avoir subi le moindre échec, avant d'avoir rien essayé ; la gloire littéraire aussi m'est apparue : quand elle flotte encore devant moi, à de certaines heures où le travail me semble facile, c'est sous la forme d'un fantôme sans attraits, dont les vagues blancheurs donnent à peine un corps à ma rêverie. — Sans doute, de mes voyages, de mon activité, de mes amours, j'ai gardé quelques impressions plus fortes : mais si, lorsque je les évoque, elles se dessinent parfois avec des couleurs assez chaudes, je perds bientôt la certitude de leur réalité, j'en arrive à croire que je les ai éprouvées après coup, en me répétant que j'avais un cœur tout comme un autre, et qu'il fallait vivre.

L'idée que j'étais un être incomplet, moralement inférieur, m'a longtemps poursuivi. Il m'est ensuite venu à l'esprit que, doué d'une faculté de réflexion plus puissante que la moyenne des hommes, je voyais clair là où ils se laissent duper par de grossières apparences : je les ai méprisées, et j'ai grandi dans ma propre estime. Des futilités, des inconséquences, des faiblesses, des erreurs m'ont ramené à une plus juste appréciation de moi-même : je me suis remis au niveau général. Et j'y suis resté, sans comprendre pourquoi je ne puis jamais être ni complètement heureux, ni complètement malheureux, sans savoir si l'obstacle à mon libre épanouissement est en moi, ou s'il dépend des hasards de mon existence.

Or, depuis quelque temps, cet état presque passif se modifie un peu : j'ai des impressions plus durables, des aspirations plus déterminées ; il m'arrive de négliger de m'observer avec trop de détails. Si j'étais moins méfiant,

je pourrais conclure de ce changement que
j'approche enfin d'une de ces crises où l'indi-
vidualité se dégage de ses entraves, je pourrais
croire qu'enfin *j'aime*. Mais non. Il me reste
un doute. Je sens encore un obstacle entre
cet amour et moi : je m'élance à lui de toutes les
forces de mon être, je me crois un instant bien
loin de moi-même, dans des régions nouvelles
où l'air est léger, et je ne suis pas plus avancé
qu'un halluciné qui agiterait les bras pour
s'envoler dans l'espace ; le même souci me
reprend, des questions se dressent, je demeure
épuisé, impuissant, incertain, dégoûté de tout
ce que j'ai, de tout ce que je n'ai pas, de tout
ce que je voudrais avoir. J'ai le sentiment de
cette faiblesse, je m'en afflige, et, à la minute
précise où la peine que me cause mon étrange
état touche *presque* au désespoir, elle s'affaiblit
d'elle-même devant le besoin tyrannique qui

me vient de l'expliquer. Alors je me rappelle les faits ; je les analyse, je les groupe douloureusement et méthodiquement, comme un physiologiste qui, dans une épouvantable expérience, découperait d'une main sûre, en criant, sa propre chair vivante.

J'ai d'abord résisté à la tentation de prendre des notes sur ce drame intime : mes impressions s'affaiblissent quand je les écris, — et je tenais à ménager leurs forces ; mais la curiosité l'emporte : peut-être que cette occasion est suprême, peut-être qu'à force de me chercher à travers les circonstances actuelles, je finirai par me découvrir ; peut-être que cette aventure est le dernier stade qui précède pour moi la connaissance de moi-même... Science inutile entre toutes, quoi qu'en ait dit le sage, mais dont les séductions sont irrésistibles, et dont, hélas ! il n'est pas donné à chacun d'être privé !

Elle se nomme Cécile N***. C'est surtout par sa nature morale qu'elle agit sur moi.

Son éducation, d'accord avec son tempérament, fait d'elle un être à part, susceptible d'impressions que les autres ne connaissent pas, vibrant à de certains chocs légers et spéciaux qui se produisent en dehors des événements ordinaires et que les menus tracas de l'existence quotidienne rendent cependant plus sensibles. Sa mère est veuve. Toutes deux vivent oisivement, dans une société restreinte d'hommes distingués que le hasard leur a donnée, fréquentent peu ce qu'on appelle le monde, prennent un médiocre intérêt aux choses qui d'habitude passionnent les femmes. Et elles se plaisent à peupler elles-mêmes leur isolement, à l'animer du moins par les créations de leur pensée toujours mobile, en même temps qu'elles s'y consument. Les idées qu'elles poursuivent sont trop loin d'elles pour qu'elles les atteignent; mais elles les pressentent et les effleurent, et se complaisent dans leur imaginaire possession. Un mondain trouverait ces deux femmes ennuyeuses, peut-être pédantes; un philosophe, superficielles; moi, elles me captivent par je ne sais quel attrait, et je ne saurais expliquer les mille choses que je devine en elles. Cécile n'a vu que quelques coins du monde comme une jeune fille peut les voir, et l'on dirait qu'elle est revenue de tout; elle ne sait rien, et tous les sujets de recherche intellectuelle lui sont familiers, du moins par leur terminaison désolante, par les doutes et par les angoisses qu'ils laissent après eux; je ne crois pas qu'elle ait jamais été dominée par un sentiment véritable, mais elle est musicienne, et la musique lui a enseigné l'acuité des désirs infinis. Elle est bonne, quoiqu'il y ait beaucoup d'indifférence et de mépris dans sa bonté. Comme les circonstances l'ont soustraite à l'action du niveau qui égalise les caractères, sa vie exceptionnelle n'a fait que développer ses aptitudes anormales. L'imagination, en elle, a tout absorbé : non l'imagination qui rêve des aventures, mais celle qui s'exerce sans cesse sur les faits, qui les tord, les transforme, les combine au gré de ses mystérieux besoins et de ses inexplicables terreurs. Son cerveau et ses nerfs se sont développés aux dépens de ses forces et de ses facultés : on dirait une de ces plantes chez lesquelles des jardiniers se plaisent à développer la bizarrerie d'une excroissance, jusqu'à la faire dévorer et remplacer la fleur. Je ne sais rien de son enfance : mais, par quelques chemins qu'elle ait passé, elle est devenue à coup sûr une étrange créature, malade de maux indéfinissables et possédant de magiques attirances. Je vois se condenser en elle les doutes torturants, les idéals boiteux, les aspirations indécises, les dégoûts mièvres et sans espérance, — toutes les ulcérations parasites qui rongent et décorent l'âme actuelle, la faisant belle d'une beauté de mourante, vibrante comme une corde pleine d'harmonies qu'un souffle agiterait sans trêve, et douloureuse au delà de toute expression. Et puis, il y a encore en elle quelque chose d'infiniment subtil et de rare qui lui appartient en propre, quelque chose qui ne vient ni de son éducation ni de ses idées, mais émane directement de son être intime, le « je ne sais quoi » de la femme vraiment femme, un élément impénétrable, toujours mobile, qui change ses aspects ou la modifie, comme les reflets chatoyants d'une lumière invisible. En sorte que j'ignore pourquoi elle m'attire :

si c'est pour son inconnu, ou par le peu que j'ai déchiffré d'elle, ou par une affinité secrète qui rapproche nos deux cœurs fatigués de leurs battements monotones et si accoutumés aux mêmes chemins.

Nous avons souvent de longues causeries à voix basse : Mme N*** est trop dédaigneuse des conventions sociales pour gêner notre liberté. D'heure en heure, la vieille pendule du salon nous interrompt en carillonnant je ne sais quel menuet oublié. Souvent nous nous taisons pour attendre ensemble, avec peut-être les mêmes idées : un regret subit des siècles éteints dont cette sonnerie éveille l'écho, ou bien un rêve rapide et fou d'immobiliser les minutes qui en cet instant précis nous semblent bonnes. Et nous écoutons sourdre en nous-mêmes ces vagues pensées qui se perdent bien avant que nous les ayons formulées, en sorte que nos causeries continuent à travers nos silences avec une intimité plus profonde.

Nos conversations, toujours à peu près les mêmes, suivent toujours à peu près la même marche. Nous partons d'un détail quelconque, d'une historiette, d'un mot, pour arriver à des généralités nécessairement insignifiantes sur l'homme, la vie, les sentiments : alors, nous citons des philosophes, nous évoquons des personnages historiques ou littéraires, nous cherchons des similitudes entre des arts différents. Puis, par une pente insensible, nous redescendons à nous-mêmes ; et bientôt, tout en continuant à dire « on » et non « je », nous nous confessons l'un à autre, heureux de trouver en nous-mêmes comme un lien de parenté. D'ailleurs, soit réserve de femme, soit que le cours de sa vie l'ait toujours tenue sur une ligne trop régulière pour qu'elle ait rien à raconter, elle n'est jamais aussi confiante avec moi que je le suis avec elle. Je ne sais presque rien de son histoire : elle sait toute la mienne. J'ai ouvert mon cœur à ses yeux, sans hypocrisie, sans honte ni vantardise ; le sien a conservé ses secrets. Je n'ai pas même éprouvé le besoin de me faire meilleur que je ne suis ou plus malheureux que je n'ai été. Aussi, elle me connaît, tandis que je continue à l'ignorer. S'amuse-t-elle comme d'un jouet de mon cœur que je lui livre ? Est-elle un miroir indifférent où mon âme se réflète ? Que garde-t-elle de ce que je lui dis ?..... Certes, si je cherchais à me faire aimer, j'aurais commis une *faute* en me découvrant ainsi. Mais mon but est tout autre : je ne voudrais qu'aimer. Et cette faute, je suis heureux de l'avoir commise : elle me prouve que je suis encore susceptible de confiance naïve et d'abandon. Ah! je voudrais pouvoir me livrer davantage encore, me livrer tout à fait! Je voudrais qu'elle me connût tout entier et qu'elle prît plaisir à me connaître de mieux en mieux, comme on relit sans fatigue, en y découvrant toujours du nouveau, un livre aimé et profond. Surtout, je voudrais qu'à force de fouiller dans mon cœur, elle y trouvât enfin une place vierge où elle pût s'installer en toute-puissante impératrice..... De mon côté, puissé-je me contenter de ce que j'entrevois d'elle! Si c'est son inconnu qui m'attire, puisse-t-elle garder son mystère! Et si je suis victime d'une illusion impossible, si elle ne parle pas parce qu'elle n'a rien à dire, puissé-je m'absorber dans le trompeur infini de son Être, comme un pèlerin fervent extasié sur un cercueil vide!

Souvent aussi, elle se met au piano, et je

l'écoute. Sous ses doigts, Schumann évoque des visions fantastiques pareilles à celles des nuits d'opium ; Chopin chante ses langueurs désespérées de poitrinaire qui sent croître l'intensité de ses désirs en même temps que diminue sa force de vivre ; plus lentement, Mendelssohn égréne ses molles mélodies, ou les graves adagios de Beethoven développent leurs sonorités grandioses comme des bruits de mer apaisée. Alors, je l'aime avec passion. Au charme émané d'elle s'ajoute le magnétisme de la musique, plus puissante sur moi que les plus beaux yeux. Je suis assailli par des flots de pensées qui m'entraînent, me bercent et me roulent ; je suis emporté dans un monde où des myriades d'images se succèdent sans arrêt ; des sentiments dominateurs s'emparent de moi : c'est la joie qui me gonfle la poitrine, que je respire comme on respire

un air vivifiant ; c'est une douleur *véritable*
qui se forme, grandit et se fond dans l'exal-
tation de mon être ; c'est un désespoir subit,
motivé par des raisons toujours changeantes,
dont je sens les tenailles s'exercer sur ma
chair vive. Je vis une vie inconnue et large,
comme en une succession de rêves qui avortent
ou se réalisent, que je touche du doigt et qui
disparaissent dans des lointains vertigineux,
qui me précipitent à l'action tour à tour et
m'endorment dans une insensibilité délicieuse.
Ses doigts courent sur le clavier, et le monde
extérieur s'efface : j'aime, j'admire, j'oublie,
j'appartiens tout entier aux harmonies qui
semblent sortir d'elle comme d'un orgue animé
et sublime... Mais les sons se taisent bientôt.

Cet amour — ou plutôt ce besoin d'être
auprès d'elle, de chercher en elle ou par elle
des sentiments inéprouvés, de satisfaire en la

comprenant une curiosité tendue et inquiète
— m'est une source de troubles et de frémissements. J'existe dans un perpétuel lendemain
de fête : j'en ai la fatigue universelle, la tristesse écœurée, le dégoût de tout, l'ennui.
Tout autre travail qu'un travail purement ma-
chinal m'est impossible. Mon manuscrit commencé ne me tente plus : il me semble que
j'ai lu quelque part, dans un très mauvais
livre, tout ce que je pourrais écrire. Je passe
des heures devant des pages blanches, et ma
pensée vagabonde bien loin de mon sujet. Je
me promène, et me rassieds, et me sens las
comme si j'avais remué le monde. Il me faut
avoir devant moi quelque besogne inepte, que
je trouve une sorte de soulagement à exé-
cuter.

La lecture m'est également pénible : les
romans me fatiguent s'ils sont vulgaires, et

m'émeuvent outre mesure s'ils me font entrer dans la vie des autres ; je ne puis suivre jusqu'au bout les raisonnements des philosophes, dont l'intelligence exige trop d'effort. J'ouvre un livre favori, je tombe sur une page qui m'a souvent fait réfléchir ou rêver ; je la relis, — elle me semble vide comme un discours de rhétorique et ne parvient pas à me tirer de ma préoccupation unique et sourde. Seules, certaines pièces de Baudelaire s'emparent de moi et me bercent, comme la musique, dans les vagues idées qu'elle éveillent :

> Nous aurons des lits pleins d'odeurs légères,
> Des divans profonds comme des tombeaux,
> Et d'étranges fleurs sur des étagères,
> Ecloses pour nous sous des cieux plus beaux...

Oh ! le cher poète, qui a su traduire tous les désirs de l'âme moderne, avec toutes leurs défaillances !

Je sais qu'il est des yeux, des plus mélancoliques,
Qui ne recèlent point des secrets précieux ;
Beaux écrins sans joyaux, médaillons sans reliques,
Plus vides, plus profonds que vous-mêmes, ô cieux !

Mais ne suffit-il pas que tu sois l'apparence
Pour réjouir un cœur qui fuit la vérité ?...

Oui, *l'amour du mensonge*, tout est là. Et quand la réalité a enlevé à nos désirs le mensonge de leurs apparences, que nous reste-t-il donc ?

II

J'ai rencontré aujourd'hui, sur le boulevard, la seule maîtresse que j'ai jamais eue. Quel roman banal, auquel il me répugne de penser !

... Nous étions seuls et pauvres tous les deux, perdus dans Paris, menacés chaque jour de l'interminable soirée solitaire dans la chambre garnie aux fenêtres disjointes, à la lueur d'une lampe fumeuse. Le hasard nous rapprocha : nous nous rencontrions régulièrement au même coin de rue. Nous nous regardions, je la suivais des yeux. Puis, peu à peu, nos regards devinrent plus familiers : je souris en la saluant, elle se retourna. Chacun de nous était pour l'autre un pauvre petit intérêt : en mangeant seul, sur le marbre des restaurants, ou en arpentant la ville, talonné par le souci du pain quotidien, je me consolais en pensant qu'au soir je rencontrerais un visage connu. C'était une distraction d'un instant, c'était mon isolement adouci pour une minute. A la fin, nous nous sommes pris, et je n'ai jamais su si c'était par amour ou par crainte de nous perdre de vue...

Elle a passé, elle s'est perdue dans la foule comme elle est perdue dans mon souvenir. Je ne sais plus rien d'elle et n'ai aucune curiosité d'en rien savoir. J'ai oublié ce médiocre asile où mon cœur a trouvé pourtant quelques heures apaisées, et je vogue sans foi vers des rivages inconnus...

III

Le rêve étrange, et qui représente bien mon état d'âme !...

J'aimais de toutes mes forces, ou plutôt avec mes forces décuplées, en m'abandonnant sans arrière pensée, sans curiosité, sans méfiance. J'étais toujours le même homme, mais, comme si une révolution intérieure m'eût transformé, je vivais d'une vie normale et riche; il se développait en moi des facultés de désirer, de vouloir, de jouir, que je ne me suis jamais connues.

Cela se passait en Russie : un pays que je

ne connais pas, mais où de secrètes sympathies m'appellent. Les nihilistes venaient d'attenter à la vie du tsar. Trois des coupables, deux femmes et un homme, avaient été saisis et condamnés à mort. On les conduisait au supplice, et je les voyais, non pas comme en voit dans les rêves, mais avec une précision qui manque souvent à la réalité.

L'homme était livide, avait les cheveux et la barbe en désordre, et ses yeux brillaient avec un éclat de fournaise. Je crus *qu'il me ressemblait*. Une seconde, j'eus la sensation que c'était une sorte de MOI, un MOI ravagé par des souffrances aiguës, exaspéré par mes inquiétudes arrivées à leur dernière puissance, et j'éprouvai comme une joie poignante à l'idée que ce MOI allait disparaître du monde... Qui n'a été tourmenté par le problème de sa propre existence? Qui ne s'est souvent, en

des heures troubles, identifié avec un autre
ou avec tous les autres ? Qui ne s'est quelquefois senti frémir d'une vie étrangère faite de
millions de vies et de millions de douleurs ?...

Une des femmes était la plus parfaite expression du type kalmouck : le front bombé,
le nez écaché, les lèvres épaisses et pâles, les
cheveux en étoupes, de petits yeux cligno-
tants, le visage taché d'éphélides. Elle n'avait
pas d'âge. Elle se fondit bientôt, comparse
inutile, dans les brumes du rêve.

L'autre femme devait être noble ou riche,
car, comme si au lieu de marcher à la mort
elle s'en allait faire des visites en ville, elle
portait une toilette élégante et conservait sa
démarche libre. Aucun signe d'émotion : elle
souriait dans une extase. Et je ne pourrais jamais décrire son admirable beauté : une beauté
extra-humaine, une beauté toute d'expression,

dégagée des conceptions habituelles, une beauté un peu pareille à la mystérieuse beauté qu'entrevoyait dans ses visions le peintre de la *Damoiselle élue*, — une beauté que moi seul j'ai connue. Chose étrange ! cette créature surnaturelle avait un nom. Oui, elle s'appelait Maria Nicolaiewna. D'où lui venait ce nom ? Je ne sais pas, mais je sais qu'il était le sien, et je le garde, et je le répète, et il me sert à faire un être réel de la créature de ma fièvre.

Je me mis à la suivre, l'aimant.

J'allais par les rues, les yeux sur elle, me frayant passage à travers une foule compacte et passive. Oh ! le singulier cortège de condamnés ! Maria se mouvait sans entraves, comme si la souveraineté de sa grâce faisait d'elle la reine de ces gens qui la conduisaient à la mort. La foule s'écartait devant moi. Les soldats de l'escorte me laissaient marcher dans

leurs rangs. Et, soulevé par une force intérieure, je respirais le bonheur à pleins poumons. Les angoisses du commencement
s'étaient apaisées : je ne songeais plus au danger qui menaçait ma bien-aimée. Je me préparais sans émotion à un formidable coup de
violence, dont l'issue était sûre, qui la délivrerait. Rien n'était plus facile à tenter. Et,
les soldats en fuite, le gibet renversé, nous
partirions, elle et moi, bravant les obstacles,
puissants comme des dieux. Mon être s'était
élargi. Enfin, je connaissais les extases de
l'amour : j'avais oublié les hommes et les
choses ; le monde gravitait autour d'elle et de
moi, déroulant à nos pieds ses magnificences,
accompagnant de toutes ses harmonies l'hymne
de notre cœur, nous conviant à l'universelle
fête de la vie. Le temps passait, et je m'absorbais dans une ivresse victorieuse : l'admira-

tion, le désir, l'enthousiasme, le bonheur me
formaient une atmosphère de parfums su-
prêmes, mon âme se noyait dans les flots ber-
ceurs d'une tendresse infinie.

Je ne sais si cette indescriptible volupté eut
la durée d'un éclair ou si elle se prolongea.
Quoi qu'il en fût, les événements se dévelop-
paient avec lenteur, comme ces interminables
chutes qu'on accomplit dans certains cauchemars. Les soldats défilaient, et le bruit de leurs
pas me battait aux tempes. Le cortège mar-
chait toujours, trouant la foule obscure, et je
suivais indéfiniment. Quand le moment d'agir
me sembla venu, je forçai sans peine la haie des
soldats. Maria me donna la main; mon bonheur augmenta encore : nous cheminions ensemble comme si, nous étant toujours connus,
nous ne nous étions jamais séparés et devions
éternellement aller ainsi. Le cortège avançait,

des ombres tombées du ciel enveloppaient la
foule, et en moi, de même, tout devenait con-
fus : mon énergie se fondait en une langueur
délicieuse, je ne songeais plus à sauver Maria,
la douce étreinte de sa main sur la mienne
m'avait plongé dans une torpeur infiniment
voluptueuse ; je ne bougeais plus et j'avançais
toujours, et j'avais l'impression d'interminables
fêtes nuptiales où des théories de fantômes,
dont aucun ne fermait la marche, se dirigeaient
sans halte vers un temple qui n'existait pas.
Puis soudain, comme si les ombres eussent
tout envahi, je ne distinguai plus ni formes ni
couleur. Une angoisse sans nom m'arracha
brusquement à ma béatitude. Je voulus presser
la main de ma compagne : je sentis qu'elle ne
pesait plus sur ma main. Le vide se faisait
sous mes pieds, devant moi, partout. Mes
yeux fouillaient désespérément l'espace, sans

rien distinguer que des ténèbres amoncelées
où se mouvaient des formes lentes et sans contours, où s'accomplissaient des choses mons-
trueuses que je ne devinais pas. Enfin, ces ténèbres se déchirèrent, et dans leur échancrure
ensanglantée de lumière, — sous aucun soleil
je n'ai jamais rien vu plus nettement — je vis
se balancer une chose informe, un paquet hi-
deux accroché à un gibet : le sac funèbre où tour-
noyait le cadavre de Maria, ballotté par un vent
furieux, éclairé jusqu'à éblouir par cette lumière si vive, si chaude, si rouge, qu'elle semblait faite de toutes les lumières des cieux,
par cette lumière qui tapait tout entière avec
une féroce ironie sur le corps à jamais caché
de l'adorée.

La réalité ne donne jamais de ces douleurs-
là, — ni de ces joies !

IV

Paris, 15 octobre.

Qui dira jamais la foule des sentiments, des idées, des images, des souvenirs, qui se pressent en nous pendant certaines heures de solitude !

Il est tard. Ma lampe éclaire mal...

Tandis que la pluie crépite contre les vitres, j'entends tous les bruits du dehors : les voitures qui roulent, des éclats de voix, des sifflements soudains — et ce murmure incessant d'une foule toujours passante, et ce bourdonnement sourd des quartiers centraux en perpétuelle activité. J'ai pris et reposé ma plume, j'ai ouvert et refermé des livres, je n'ai pas vaincu, l'indéfinissable oppression qui pèse sur moi, je n'ai pu décider si le son des voix et l'aspect des visages inconnus me tranquilliseraient ou me feraient mal; et, tourmenté par le besoin de m'arracher à mes pensées, j'ai cependant eu peur d'errer seul dans les rues, poursuivi par une pensée dont les objets rencontrés auraient renforcé l'obsession. Je suis donc resté seul à regarder mon feu.

C'est une de ces heures si rares au milieu des effarements de l'existence où une mystérieuse force intérieure nous arrête en une douloureuse contemplation de nous-mêmes, où une exceptionnelle perspicacité met à vif les plaies de notre cœur, pénètre jusqu'au fond des abîmes de tristesse qu'ont creusés en nous les sentiments refoulés, les aspirations étouffées.

Je pense à tout ce que j'ai senti. Le passé remonte en moi : il me revient des souvenirs plus poignants que des remords : ce sont les émotions que j'ai dédaignées, que je voudrais retrouver et que j'évoque en vain. Fleurs rencontrées au bord de la route, les unes épanouies et faciles, les autres retranchées dans un escarpement, que je n'ai pas cueillies ! Joies profondes, qu'une pensée a empoisonnées et qui m'ont rempli d'amertume ! Larmes montées à mes yeux que je n'ai pas osé répandre !... Car telle est notre folie, que nous ne traitons pas mieux nos sentiments que les choses indifférentes : dès qu'ils nous gênent, nous les jetons loin de nous comme un bagage inutile, alors que nous devrions leur faire rendre toute leur essence et les savourer jusqu'à la douleur qu'ils renferment. Mais nous sommes trop bornés pour admettre que la

douleur soit féconde ; **nous sommes trop**
pressés de vivre pour nous arrêter aux mys-
tères de l'existence intime. Entraînés par cette
hâte stérile, dupés par notre insouciance, nous
marchons en méconnaissant notre propre nature. Et nous avons fait de notre cœur une
machine que nous remontons à l'heure précise
du plaisir, que nous arrêtons au gré des circonstances : quand « il le faut », nous le laissons croupir comme une bête engourdie ; un
coup d'aiguillon le réveille, et nous finissons
par escompter ses battements les plus forts
comme nous avons calculé son silence. Même,
ne le dressons-nous pas aux exigences des affaires quotidiennes, et son carillon ne joue-t-il
pas trop souvent sur commande des airs usés
que nous lui avons appris pour notre profit ?

Oh ! si nous pouvions nous laisser vivre, si
nous échappions à notre aveugle tyrannie !...

Que de choses nous verrions alors flotter autour de nous dans le vague des heures perdues !... Que de bons souvenirs nous entoureraient alors de leur foule amie !...

... La nuit avance, les heures tombent l'une après l'autre...

V

Paris, 2 novembre.

Ce soir, je suis arrivé vers six heures chez Mme N***. Cécile était à la fenêtre du salon, les yeux ouverts sur les ténèbres, sans un châle, frissonnante sous l'âpreté du froid.

— N'est-ce pas, que c'est beau ! m'a-t-elle dit en me montrant du geste la vaste étendue où Paris, avec ses milliers de lumières immobiles ou mouvantes, semblait englouti comme dans un gouffre sans fond ni rivages.

Je ne voyais qu'elle, je ne voyais que son visage marbré par l'air glacial. Je voulus lui parler de son imprudence : elle se retourna en me regardant bien en face, avec un sourire plein de choses, un peu dédaigneux. Était-ce l'aveu de secrètes sympathies que mes banales et trop raisonnables paroles venaient de troubler ? me signifiait-elle, en souriant ainsi, son absolue indifférence à la vie et à ce qu'elle promet ? ou bien, son imprudence était-elle un caprice de jeune fille, un acte sans portée, et son sourire était-il vide ?...

Nous restions à côté l'un de l'autre sans avoir rien à nous dire. Mme N***, qui entrait, ferma la fenêtre en grondant sa fille de s'exposer à des rhumes de cerveau et de refroidir le salon.

D'autres personnes sont venues, on s'est mis à table.

Pendant le dîner, j'ai eu peine à prononcer quelques mots. Placé vis-à-vis de Cécile, je la regardais en pensant à elle. Sous le reflet de la lampe, ses mains semblaient pâles comme des mains de morte. Elle ne souriait plus, et je la voyais toujours sourire du sourire mystérieux de tout à l'heure, que je poursuivais et qui m'échappait. Mon Dieu! que pensait-elle donc en souriant ainsi? de quelles énigmes ce sourire était-il l'insaisissable esquisse?...

La soirée s'est écoulée lentement. Je n'ai presque par parlé à Cécile. Je l'aimais comme de coutume, le cœur hanté des mêmes doutes, dominé par la crainte de la *désaimer* trop tôt, dès que je l'aurais comprise, peut-être avant. Je me demandais ce que je faisais auprès d'elle, avec mes indécisions invincibles. Cette question se posait à ma conscience comme un remords, entraînant derrière elle un cortège d'angoisses : peut-être qu'elle m'aimerait, et aurait la douleur de voir ses tendresses se briser contre mes hésitations ; peut-être aussi, ma volonté étant trop faible pour communiquer à la sienne une impulsion décisive, me contenterais-je de l'entraîner à ma suite à travers les phases si pénibles que je parcours, dans ces régions où le doute comprime chaque battement du cœur écrasé comme sous un poids matériel, où la pensée se heurte à tant d'obstacles qu'elle en est déchirée et meurtrie. Mon devoir n'est-il donc pas de m'en aller, de la laisser tourner dans le cercle incertain de sa vie, de renoncer à me faire aimer d'elle et de l'oublier, puisque je ne sais pas l'aimer ?

Cette question d'honnêteté ajoute un trouble à tous les troubles de mon être. Et je ne la résous pas. Et je ne me sens pas le courage de m'arracher à ce misérable sentiment incomplet qui me donne de temps en temps une parcelle de bonheur : j'aime avec désespoir cette chaîne dont les nœuds trop lâches me laissent trop de liberté ; je m'obstine à vider jusqu'à la lie cette coupe où je ne trouverai pas l'ivresse. Heureux les jouisseurs qui se livrent au plaisir sans en redouter l'arrière-goût ! heureux les égoïstes qui ne pensent jamais aux larmes qu'on peut verser pour eux ! heureux les faux sceptiques qui acceptent pour autant de réalités les illusions de leurs désirs, et, toujours trompés par eux-mêmes, victimes des éternelles duplicités du cœur, se prennent obstinément pour des esprits forts !... Moi, je ne sais rien de moi, — ni d'elle !

Elle restait silencieuse et placide dans le brouhaha des conversations vaines. Nos regards se rencontraient. Elle sourit de nouveau... Je suis sûr qu'elle hait la vie : c'est là le secret qui dort dans ses yeux. Elle est de ces âmes que le réel offusque, et qui l'acceptent pourtant, et qui, dans la journalière con-

sommation des habitudes, trouvent une déception toujours renouvelée. Elle souffre sans
cesse de mille piqûres si légères que d'autres
ne les sentiraient pas. Elle aspire, j'en suis
sûr, à l'inconnu dont elle doute. Et peut-être
que la mort l'effraye autant que la vie lui fait
horreur.

Nous étions séparés : je voyais son visage
baigné d'ombre, je cherchais à deviner ses
pensées, je m'absorbais dans ses secrets, —
et il fallait répondre à une dame, assise à côté
de moi, qui s'obstinait à m'entretenir de la
troupe du Théâtre-Français. Jamais je n'ai
senti plus vivement l'ennui des réunions mondaines, et surtout à quel point, en certains
cas, leurs disparates peuvent blesser. On célé-
brait à mes oreilles les mérites de la célèbre
compagnie et je m'irritais jusqu'à l'exaspéra-
tion, comme aux sons d'un orchestre jouant

faux, comme à l'audition d'une longue opérette niaise, que pour une raison quelconque on est forcé d'écouter jusqu'au bout.

On demanda de la musique. Cécile se mit au piano et joua une fiévreuse valse de Chopin. Ses doigts couraient avec de merveilleuses délicatesses : son jeu, que par une sorte de pudeur elle s'efforçait de rendre monotone, traduisait pourtant des langueurs profondes, de frissonnantes agitations.

Lorsqu'elle eut fini, nous cherchâmes à nous rapprocher comme si nous avions mille choses à nous dire ; mais, quoique aucun importun ne nous gênât, nous n'échangions que des phrases banales. Ses regards étaient froids ; je me fis un masque indifférent. Pourquoi cherchions-nous à nous tromper ainsi l'un l'autre, à nous cacher réciproquement ce qu'il pouvait y avoir, ce qu'il y avait en cet instant-là de bon, d'aimant, de généreux dans nos cœurs?... Et quand arriva l'heure du départ, je me sentais d'une tristesse mortelle, comme si des obstacles insurmontables à jamais se fussent dressés entre mon amour et moi. Je n'aimais pas, je n'étais pas aimé. Toutes mes aspirations s'étouffaient bien décidément dans une tyrannique indifférence, amères de dégoûts anticipés. Je me retrouvais comme avant, comme toujours, le cœur vide.

Elle me donna une froide poignée de main. Je la quitai sans regret, presque décidé à ne plus la revoir. Et je m'en revins à pied, lentement.

Un léger brouillard m'enveloppait d'une humidité caressante. Je m'arrêtai sur un pont pour regarder les lointains étoilés de points lumineux, et la Seine toute noire où des ombres étendaient de grandes taches brillantes, où tremblaient et s'allongeaient les lumières rouges des réverbères. Et je songeais aux existences qui viennent finir là, aux désespoirs qui s'apaisent dans ces eaux obscures, aux pauvres corps affaiblis par les privations, émaciés par les maladies, rongés par les obsessions, les soucis, les désirs, que ces flots roulent et bercent insoucieusement... Puis, il me fallut chercher mon chemin dans le brouillard qui s'épaississait, où je sentais mes pensées s'obscurcir avec la nuit.

Me voilà rentré. J'ai longtemps regardé quelques charbons qui brûlaient encore dans ma cheminée et vont s'éteindre ; j'ai pris la plume et retrouvé l'une après l'autre mes impressions de la soirée. A présent, je revois le fleuve, je pense aux noyés : ceux-là sont des braves, ils ont brisé leur chaîne.

3.

Tant d'autres, comme moi, s'obstinent à vivre
par habitude ! Et pourtant nous pouvons nous
délivrer sans douleur, nous endormir doucement, parmi des rêves, en croyant toucher au
bonheur : en sorte que l'horrible mort soit
une volupté...

... Hélas ! nous nous plaignons de tout ce
qui nous entoure, nous haïssons les agitations
de la vie, nous saignons d'innombrables
plaies, nos cœurs sont dévorés par des vau-
tours plus cruels que celui de Prométhée, et
nous n'avons pas la liberté de désirer sincèrement la mort...

VI

Paris, 21 novembre.

Je trouve dans saint Augustin cette pensée :

« S'il m'arrivait quelque chose d'heureux, je n'aurais pas le courage de le saisir, sachant d'avance qu'il s'envolerait avant que je m'en fusse emparé. »

Tant de siècles avant moi, un homme a donc senti comme je sens? Mais cet homme était une exception, presque une anomalie. Et aujourd'hui, qui ne redoute le bonheur pour son cortège de déceptions? Qui n'a manqué une occasion d'être heureux par crainte du dégoût d'après ? Qui même n'a souvent éprouvé le dégoût par anticipation, avant la jouissance ?... Le bonheur est là, il est tout près, — et, comme le saint, je n'ai pas le courage de le saisir, je sais qu'il s'enfuirait trop tôt, je sais que la main qui l'étreint reste vide. Et je ne l'attends pas plus de demain que je ne l'ai reçu d'hier, et je ne compte pas sur l'inconnu de l'éternité pour compenser les amertumes de cette existence si brève et si lourde.

VII

Paris, 6 décembre.

Je ne sais pourquoi, ce soir, des images de mon passé se pressent autour de moi. C'est un mouvant panorama dont chaque tableau ramène ma propre image ; en le parcourant, je tressaute à des impressions depuis longtemps oubliées que je croyais perdues et qui me reviennent tout entières. Douloureux ou charmants, les souvenirs me laissent en passant un égal regret, leur vibration est mélancolique comme celle d'une corde brisée. Je m'efforce en vain de les retenir : ils se succèdent comme des lueurs fugitives pour s'éteindre dans la nuit des années mortes.

C'est la grand' rue de ma ville natale : une longue rue droite, aux pavés inégaux. A l'heure du crépuscule, par le froid de décembre, elle est silencieuse, presque déserte. Quelques-unes des boutiques les mieux achalandées ont déjà allumé leur lustre, et, à travers les vitres de leurs devantures, étendent sur le trottoir, dans le faux jour, une nappe de lumière incertaine. Je suis emmitouflé dans mon manteau, j'ai ramené ma toque sur mes oreilles, j'ai acheté des marrons grillés qui me chauffent les poches, et je guette la petite bien-aimée, aux longs cheveux flottants, qui, à cette heure-là, sort presque tous les jours pour quelque commission... Eh bien, je sens aujourd'hui ce même froid passer dans mes moelles, je sens la chaleur des marrons grillés que je mangeais lentement dans ma monotone promenade, l'estomac serré par l'espoir et l'appréhension. Quelquefois, elle ne passait pas, la petite bien-aimée ; je rentrais le cœur gros. Mais quel épanouissement quand je la voyais apparaître au coin de la place, avec sa jupe courte de couleurs écossaises, ses chaudes mitaines, son joli visage rosé par le vent !... Oui, je la revois malgré la distance des années, et je frissonne en pensant à elle. — Qu'est-elle devenue, la petite bien-aimée ? Je l'ignore. Elle a quitté le pays comme moi, le hasard a peut-être mis entre nous le désert ou l'Océan, elle est peut-être femme ; elle a emporté avec elle, à jamais, la fraîcheur du premier amour.

Cette ville où j'ai eu mes premières peines, je ne l'ai jamais revue. Elle était aussi tranquille qu'une ville morte. L'herbe y poussait dans les rues. Devant le vieux temple, massif et triste, où ma mère me conduisait chaque dimanche, il y avait une statue en pierre, rongée par le temps, qu'on disait celle d'une impératrice romaine. Il y avait aussi, plus loin, un château flanqué de quatre tourelles, sur lequel couraient des légendes et qu'habitait un notaire. Il y avait encore une tour carrée construite, disait-on, par Jules César. Comme le temple, le collège était triste et massif : j'y ai été puni deux fois injustement, j'y ai été brutalisé par mes camarades, j'y ai connu les colères impuissantes, l'indignation sans force... Oh ! ces premières impressions nous façonnent à jamais ! Ce sont elles qui donnent le ton à toute notre existence, elles peuvent nous rendre à jamais incapables de bonheur, elles creusent en nous des vides qui ne se comblent pas. Aussi, je ne voudrais pas revivre mon enfance, à cause de ce collège maudit, à cause de chagrins minuscules que j'ai sentis aussi vivement que mes douleurs d'homme... Pourtant, les maisons s'étageaient en amphithéâtre au-dessus du grand lac bleu dominé, de l'autre côté, par les montagnes toujours couvertes de neiges. Et plus tard, à cet âge qui suit l'enfance, au moment où l'âme est pleine d'impressions nouvelles et troublées, au moment où l'on aime pour aimer, où l'on souffre pour souffrir, le lac était mon seul confident : mes rêves se sont bien souvent mirés dans la limpidité de ses eaux, il m'a chanté de plaintives mélodies où je retrouvais la cadence de mes pensées, j'ai plus d'une fois comparé ses orages aux miens, quand il s'agitait dans ses profondeurs et précipitait vainement contre les rivages ses flots toujours repoussés.

... Une autre scène de ce panorama.

La pureté des amours enfantines est à jamais perdue; elles sont bien loin, les contemplations et les extases de la dixième année. Maintenant, ce sont les sens qui parlent, et qui remuent les désirs vulgaires dans les bas-fonds du cœur.

Dans la ville universitaire, il y a une taverne où je vais dépenser mes maigres ressources d'étudiant de première année. Le service est fait par une fille dont je vois encore la figure fade, les cheveux pâles, le sourire stéréotypé. Mes camarades, plus âgés, plus hardis, plus riches, qui connaissent déjà la vie et n'en sont pas réduits à compter parcimonieusement leurs bocks de la soirée, la lutinent paresseusement, sans poser leur cigare, sans interrompre leur partie de cartes ou de dominos. Elle ne se défend pas, elle montre ses dents blanches en riant toujours, d'un rire de femme indifférente et facile. Moi, dans mon coin, j'ai les mains froides, la tête en feu. Je suis timide, je suis trop jeune, trop pauvre, mes pourboires sont modiques, mes habits sont rapiécés ; quand j'essaye gauchement de lui serrer les doigts en payant ma bière, elle ne s'en aperçoit pas et regarde d'un autre côté, ou elle retire brusquement sa main, et je rougis de honte. Je reste très tard à la taverne, devant mon bock que je ne vide pas pour éviter qu'on le remplace, en méditant des résolutions hardies. Je ne les exécute pas, et je rentre chez moi avec le mépris de ma faiblesse et le dégoût du plaisir grossier que j'ai trop désiré. — Pour tout dire, ce n'est pas ma timidité seule qui me retient, c'est encore et davantage ma conscience : une conscience qu'on a façonnée sur un type d'irréprochable vertu, qu'on a bourrée de « principes », qu'on a entourée de défenses et de prescriptions, et qui docilement s'est laissé charger de ce fatras, et qui ne s'est pas encore redressée comme un ressort pour échapper à cet écrasement. Je crois au péché, je le sens qui me poursuit, qui me menace, qui me veut, et je le fuis, et je lui appartiens quand même, et j'en connais le remords avant d'en avoir savouré les douceurs...

... Et puis, d'autres temps, d'autres lieux.

J'ai dix-neuf ans. Une révolution s'est opérée en moi, ma foi s'est effondrée, ma conscience éperdue a longtemps cherché un point d'appui, sans le trouver. Tourmenté à travers mon scepticisme par le problème du mal, j'ai lu des livres de morale indépendants du christianisme. J'ai découvert et reconnu la sagesse d'une loi que nul ne conteste : *Neminem læde, imo omnes , quantum poles , juva.* Mais en quoi cette loi pouvait-elle me servir dans ma vie intime ?... Délivré d'un souci, j'ai mordu au plaisir : les lèvres m'en sont restées amères. Il me faut autre chose, quelque chose de plus, quelque chose d'assez grand pour satisfaire à

la fois tous les besoins de mon être : un
amour, un vaste amour... Oh ! le temps trouble,
temps d'erreurs, de rêves stupides et de la-
mentables réveils , temps dont le souvenir
m'est-mauvais !

Depuis, j'ai été aimé une fois comme je
rêvais alors de l'être. C'était peut-être trop
tard, et mon cœur avait trop pris l'habitude
du doute : au lieu de céder au charme qui
m'appelait, au lieu de demander à cet amour
toutes les joies, tous les oublis, toutes les
ivresses de l'amour, je l'ai empoisonné à plaisir, je me suis ingénié à le ruiner par des
soupçons, à le tuer à coups d'épingle. — Les
enfants ouvrent le ventre de leur poupée,
éparpillent le son autour d'eux, et pleurent
leur jouet détruit. De même, j'ai voulu voir
dans le cœur de celle qui m'aimait : je l'ai pris
comme un objet passif, je l'ai déchiré avec

mes ongles, je l'ai pressé comme un abcès, j'en ai fait sortir le sang pur jusqu'à la dernière goutte. Et je n'ai rien su de plus, et j'ai pleuré...

... Et puis des amours rapides dont il ne m'est resté qu'un arrière-goût fade, des visages tellement effacés que je ne suis plus bien sûr de les avoir connus jamais, tous les tristes restes des plaisirs banals, qu'on prend par lâcheté ou par lassitude...

Mon cœur ne m'intéresse plus.

VIII

Paris, 16 décembre.

Il y a des gens qui se lancent dans la vie avec une admirable confiance en eux-mêmes, bien convaincus de leur raison d'être et de l'importance de leur activité. Un obstacle se dresse devant eux : ils l'attaquent, et trouvent dans la lutte un plaisir toujours renouvelé ; ils l'abattent, et jouissent de leur triomphe ; souvent même ils ne le voient pas, et ils ne s'en trouvent que mieux. Leur existence s'écoule en batailles dont ils ne sentent ni les fatigues, ni les blessures. Et lorsque, à force de peines, ils sont parvenus à construire quel-

que imperceptible monument, ils s'endorment
avec l'illusion de la durée de leur œuvre, par-
tant de leur être, comme un Pharaon sous sa
pyramide, comme Horace sur le paquet de ses
vers. Quelques-uns, qui n'ont rien fait de
mieux, disent avec orgueil : « J'ai des enfants, je suis donc sûr de me survivre, quelque chose de moi subsistera à travers les
âges... » Les soucis de ces gens-là sont légers, leurs chagrins correspondent à des faits
positifs, ils ne se trouvent malheureux que
lorsqu'ils le sont et n'ont pas sans cesse la
cruelle illusion de l'être ; surtout ils ignorent
cette douleur tantôt sourde, tantôt aiguë, qui
paralyse les facultés et ronge le cerveau
comme une continuelle névralgie : le doute
du soi.

Le doute m'arrête dans tout ce que j'en-
treprends, et le moindre fait le développe :

aujourd'hui, le jugement sur une œuvre de moi d'un homme dont je n'estime pas l'esprit, dont l'opinion devrait par conséquent m'être indifférente, l'a réveillé et déchaîné. J'ai vécu tout le jour avec cette insupportable pensée que je n'avais aucun talent, que mes écrits étaient et seraient toujours aussi méprisables que ceux que je méprise le plus, que je ne me réaliserais jamais, et mourrais sans rien laisser. Une voix intérieure me criait : « médiocre ! » Et jamais je n'ai senti si vivement la cruauté de ce mot définitif, qui m'humiliait plus qu'aucune injure, que je me répétais pourtant. Alors, une inquiétude que je ne connaissais pas encore s'est ajoutée à la honte d'être *médiocre* : j'ai songé à mon avenir, je me suis rappelé certains vieux hommes de lettres qui m'ont souvent fait pitié. Pendant quarante ans, ils ont tourné la meule de la

4

pensée sans en faire jaillir une étincelle ; ils
ont marché derrière un idéal toujours fuyant ;
ils ont vu des réputations se former et grandir,
à côté d'eux d'abord, puis derrière eux ; ils
ont assisté à des succès patients, à des triom-
phes rapides ; et maintenant, ils traînent leurs
cheveux blancs de journal en journal, d'éditeur en éditeur, dissimulant leurs pauvres
manuscrits sous leur redingote râpée. Ils sont
modestes sur eux-mêmes, racontent des anec-
dotes de leurs anciens camarades devenus
célèbres, ruminent leurs souvenirs, en tirent
parfois quelque argent. Le présent les offusque :
ils ne peuvent le dire, il faut qu'ils se mettent
au ton, qu'ils suivent la mode. Et ils trahissent
leur passé. Et quelques-uns espèrent encore,
attendent de demain ce qu'hier leur a refusé...

Oh ! les paysans qui suent sous le soleil !...

IX

Mes rêveries passées flottent autour de moi, émergent de mes lointains comme des brouillards à l'horizon... Il y avait en elles je ne sais quel mélange de désespérances point encore justifiées et de vivaces aspirations ; elles étaient faites de regret et de désir, de lassitude et d'énergie. Dans mes promenades, elles tournaient autour de moi comme ces papillons qui portent un grand œil lumineux marqué sur leurs ailes sombres, elles m'attiraient au bord de l'eau comme des nixes chantantes, elles me poussaient à de longues marches par des chemins de hasard en m'entretenant dans une tristesse que j'aimais.

... Là-bas, dans la petite ville universitaire, j'étais seul, sans un ami ; autour de moi, on parlait une langue étrangère. Je n'aimais que le Rhin : par les beaux jours, il semblait une vivante banderolle d'azur enlaçant les prairies ; d'autres fois, limoneux, teinté de grisailles, il enveloppait la ville de brouillards fantastiques ; par les chaleurs, ses eaux dégageaient des vapeurs d'opale qui brodaient leurs fines dentelles sur ses bords : et toujours il chantait d'une voix très douce. Les clairs de lune — mon Dieu ! oui, les vieux clairs de lune démodés, presque ridicules — le blanchissaient de leurs lueurs paisibles : alors, des paillettes d'argent couraient, miroitaient, scintillaient à sa surface comme de petits êtres lumineux, tandis qu'il coulait silencieusement, enveloppé

de mystère, dans le grand sommeil des choses.
Oh ! les belles nuits, et les prestigieux paysages irréels !

Souvent, lorsque je me rappelle tout ce que
le fleuve, avec ses bruits monotones et ses
tableaux changeants, me faisait trouver en
moi-même, il me prend de le revoir un désir
cuisant comme une nostalgie ; les impressions
en allées me reviennent comme autant de
figures mortes, et avec elles un regret aigu
comme le déchirement d'un adieu. Et si je le
revoyais, pourtant, mes yeux verraient autre
chose que ce qu'ils ont vu, mes oreilles n'en-
tendraient plus les harmonies que les ont si
souvent caressées. N'étant plus le même, je
trouverais que le fleuve a changé. Que seraient
ses paysages, si mes visions disparues ne
venaient plus s'y encadrer? D'ailleurs, ne
sais-je pas à présent que ses ruines sur ses

rochers sont poncives et *romantiques?* Où
s'est enfuie la naïveté qui me les faisait tant
aimer?...

... O vieille abbaye d'Heisterbach, pauvre
morceau d'église resté debout dans un coin de
pré, vallée cachée aux touristes par des points
trop célèbres, où retrouverai-je le calme que
j'ai si souvent respiré sous tes noyers tant de
fois centenaires, parmi les chanson du vent?...

Les tristesses des ans qui finissent dans la neige boueuse de décembre !...

Il y a des gaietés dans les rues, des repas dans les maisons. On entend passer des refrains joyeux. L'air est tout vibrant de la bonne humeur des jours de fête. Des gens boivent, mangent et chantent, noyant dans l'écume des vins frelatés et dans la stupidité des chansons à la mode les obsessions des jours écoulés, les regrets des joies en allées, les souvenirs des douleurs vécues.

Si je cherche dans les douze longs mois que

le temps achève aujourd'hui de dévorer, je ne trouve qu'une inutile dépense de forces inutiles en elles-mêmes.

Un seul événement : la rencontre de Cécile. Et puissé-je ne l'avoir jamais rencontrée ! Avant de la connaître, je pouvais m'illusionner encore sur mon compte, attendre le hasard qui me donnerait mon équilibre, croire à la possibilité du bonheur... Elle m'a éclairé sur toutes mes faiblesses. A sa voix, j'ai déployé mes énergies pour m'élancer vers l'amour, — et je reste suspendu dans cet élan.

Oh ! le pitoyable roman que le nôtre !.. Quelques paroles, quelques sourires, quelques rencontres, rien. Rien, mais un travail intérieur de toutes les minutes, une recherche dans le vide, plus fatigante qu'aucun effort. Les héros sortis vivants de l'imagination des poètes souffrent et luttent pour la femme ai-

mée : moi, mon propre cœur est mon seul ennemi, et c'est pour l'amour même que je
souffre et je lutte. Je l'invoque avec ses larges
espérances, avec les horizons qu'il découvre,
avec les rayons qu'il fait resplendir, — je le
voudrais avec ses déceptions, ses cruautés, —
et il me nargue, et je ne puis le saisir. Nul
obstacle visible ne se dresse devant moi, et je
me brise contre d'infranchissables barrières
qui sont mon œuvre. Peut-être suis-je aimé,
j'ai presque la certitude que je pourrais l'être,
et j'ai peur d'être aimé. Je ne suis pas sûr de
souffrir, mais comme je sais bien que je ne suis
point heureux ! Et j'aspire à la souffrance
presque autant qu'au bonheur, pourvu que je
parvienne à m'intéresser moi-même autrement
que comme un singulier mécanisme, pourvu
que la vie intime développe en moi les illusions
de ses fantasmagories, pourvu qu'en un com-

plet abandon de mon être je sente enfin mon cœur battre à grands coups irréguliers.

Jamais je ne me suis trouvé si las des sensations ordinaires : je ne savais pas encore que le poids de trois cent soixante-cinq jours écoulés pût être si lourd. Et la nouvelle année va commencer, comme finit celle dont la dernière heure sonne, sans apporter un espoir nouveau. Il faudra passer par les mêmes rues, fréquenter les mêmes cercles, promener le même ennui à travers les réceptions mondaines, rencontrer les mêmes visages, écouter les mêmes conversations, supporter seulement quelques autres tracas et écrire sans aucun plaisir des phrases vaines : la succesion d'actes nuls qui remplit les semaines et les mois, et qu'on nomme la vie... La vie ! je l'avais entrevue comme un vaste champ fécond ouvert à toutes les cultures, comme un

monde aux aspects changeants, offrant à
l'homme la possession de ses radieux paysages : elle n'est qu'un étroit sentier qui chemine dans une plaine monotone. On s'y meur-
trit les pieds jusqu'à la fin, jusqu'au haro de
la maladie, jusqu'à la décrépitude de l'âge...

En avant !..

Paris, 6 janvier.

Souvent, le soir, en sortant de chez elle, je me promène longuement par les rues avec D***, un des intimes de la maison. D*** est un esprit distingué et une âme délicate. Il a beaucoup aimé, mais avec foi, et pourtant, des sentiments qui ont passé en lui, des énergies de cœur qu'il a su déployer, d'heureux moments d'abandon et d'élans de confiance, il ne lui est guère resté que ce que j'appellerai une extraordinaire *faculté de vibration*. Son cœur est un feu follet. Les émotions se succèdent en lui sans trève, changeant ses faces

avec une étonnante rapidité, lui versant des
flots de joie et de souffrance qui l'entraînent et
le ramènent, toujours prêt pour la sensation
qui va venir. L'amour n'est-il donc que le besoin d'aimer? D*** m'a très bien deviné, et,
dans les intimes causeries que nous avons ensemble, j'éprouve un singulier plaisir à l'écouter me dire ce qu'il a lu en moi commé aussi
à recevoir ces confidences qui me le font connaître tout entier. Les heures nocturnes favorisent nos expansions : par les longues avenues piquées de lumières, sous les arbres
décharnés aux branches engivrées des boulevards où nous croisons les silhouettes lou-
ches de la nuit, par certaines rues désertes
et noyées dans une obscurité silencieuse, par
d'autres, populeuses, où l'agitation de la journée se perpétue, nous allons, n'entendant que
nous-mêmes des bruits qui nous entourent et

qu'étouffe la dernière neige, excités pourtant
par le coudoiement de la vie factice et violente
des nuits d'hiver : rentrées de bal, couples sus-
pects, interminable promenade **des quêteuses**
d'amour, mendicités inquiètes, masques de
carnaval, misères étalées ou peureuses, —
figures inconnues, douleureuses ou gaies, yeux
qui nous examinent et que les nôtres ren-
contrent, éclats de rire, cris des disputes, gé-
missements : secrets de toutes les existences
que relient entre elles de mystérieux liens !..
A la fin, les jambes rompues, nous échouons
dans quelque taverne : s'il est temps encore,
dans une de ces *bars* où l'on trouve de la bière
lourde et des liqueurs anglaises qui vous ré-
chauffent brutalement ; s'il est tard, chez
quelque marchand de vin resté ouvert ; et
souvent, il nous est arrivé de voir poindre le
jour tardif des aurores de janvier : un brouil-

lard qui s'éclaircit lentement, pendant que les pignons gris des maisons s'estompent comme des taches dans cette demi-lumière.

Que disons-nous? Je ne sais pas. Au lendemain, ces conversations se sont enfuies ou se confondent avec des souvenirs de rêves, comme si la clarté et les tracas du jour les chassaient de ma mémoire. D*** se les rappelle mieux, ou les répète, et prétend quelquefois que nous avons dit de très belles choses. Moi, j'ai tout oublié : peut-être notre plaisir consistait-il à entrechoquer des riens ; peut-être prenions-nous pour des idées les halètements de nos cerveaux trop excités. Quand, de sang-froid, je cherche à traduire les impressions si multiples de ces nuits, la précision des mots m'offusque, aucun n'a un sens assez fluide, aucun ne dirait ce qu'il faudrait dire. A travers mon souvenir, les idées

que nous avons poursuivies, nos observations
communes, nos divinations réciproques, ce
ne sont que des voix confuses dont le son va
se perdant, soit qu'elles viennent de trop loin
ou de profondeurs trop intimes : voix incertaines comme tout ce qui pénètre en moi,
comme les ombres grises de la nuit, comme les
apparitions mal dessinées dans le crépuscule
du matin, comme l image que je contemple
dans mon cœur, — hélas ! comme mon cœur
lui-même, qui déforme toutes les choses ou
peut-être les crée !

XII

Paris, 10 janvier.

Hier, Mme N*** a donné un bal. Chaque
année, au commencement de janvier, elle
fait ainsi cette politesse à ses relations. Alors,
la physionomie du salon est changée : au lieu
des quelques amis qui se réunissent en une
conversation intime, arrivent des visages con-
ventionnels, des fleurs à la boutonnière, des
sourires stéréotypés ; et la soirée est longue.
Quelques-uns (peut-être) s'amusent, — lor-
gnent des épaules nues, placent pour la ving-
tième fois des mots drôles qu'ils n'ont pas
inventés, dansent en risquant d'adroits attou-

chements. La plupart sont là comme ils seraient ailleurs : ennuyés, graves, nuls. Plusieurs poursuivent des calculs d'intérêt : deux ou trois mères tripotent un mariage ; certains messieurs corrects, dans un coin, discutent une « affaire », en baissant la voix ; on met en rapport des gens qui peuvent gagner quelque chose à se connaître. — Je me sentais mal à l'aise, comme dans une société où j'aurais pénétré pour la première fois ; je ne reconnaissais plus les meubles familiers : on avait changé de place le petit canapé Louis XV, où si souvent je m'asseois à côté de Cécile. Je me suis isolé pour regarder autour de moi.

Mais j'ai été las bientôt de ces figures que les danses faisaient tourner : dans la lumière poudroyante qui les baignait, elles perdaient peu à peu la netteté de leurs contours, leurs mouvements rhythmés paraissaient automatiques, les couples devenaient des ombres. Et puis, la chaleur, le bruit, les parfums alourdissaient l'air jusqu'à l'écœurement : ce n'était plus l'atmosphère de la. salle tant aimée, c'était celle d'un lieu public, piétiné par un public hostile. Bientôt, il me sembla que j'étais seul ou invisible. De fait, personne ne m'observait ; et, à travers l'espèce de brouillard qui m'entourait, je ne distinguai plus que Cécile.

Elle se prodiguait, aimable à tous. Je voyais sa gorge se soulever contre des plastrons blancs qui tranchaient crûment sur le fond vague. Plusieurs fois, elle passa près de moi sans me chercher du regard. Alors, je sentis s'éveiller en moi une sourde jalousie: d'autres la serraient et la berçaient dans la douceur du rhythme, écoutaient sa voix dont je me rappelais douloureusement le son, buvaient les langueurs de ses yeux. Avec cette facilité qu'ont les femmes de changer de nature, elle se transformait : elle était gaie, elle se savait belle, elle voulait plaire, elle m'oubliait dans des sensations heureuses. Une fois, je l'entendis rire d'une stupide plaisanterie jetée en passant, et son rire était franc, comme un rire banal, qu'un rien provoque, qui sonne l'insolence d'un plaisir médiocre. Ce rire chassa ce qu'il y avait de colère dans ma jalousie, et ce ne fut plus qu'une déception, plus que le regret d'un rêve disparu, avec un peu de l'amertume de ces séparations où chacun s'en va de son côté voir des pays que l'autre ne connaîtra jamais. Je ne lui en voulais pas de m'avoir sitôt oublié : ce que je ne pouvais lui pardonner, c'étaient ses regards, ses allures, toute son apparence nouvelle. Elle

n'était plus à mes yeux qu'un être quelconque, artificiel, plus qu'une de ces poupées
dont les sentiments et les idées suivent la
mode comme les toilettes, — plus qu'une
mondaine. Et c'était un effondrement. Enfin,
je comprenais ses grands yeux liquides où si
souvent j'avais cru voir flotter d'énigmatiques
pensées : ses yeux m'avaient trompé, ses yeux
étaient vides... Comme pour appuyer cette
impression, il me revint à la mémoire certaines de ses causeries qui ne révélaient, après
tout, qu'une nature ordinaire. Et je n'avais
pas le courage de me dire : Qu'importe, qu'importe, pourvu que je l'aime !... Hélas ! c'est
que je ne l'aimais pas !

Je m'attristais dans mon isolement, je sentais grandir en moi cette poignante impression
d'abandon qui vous prend quelquefois au milieu d'une foule indifférente, et je voulus m'é-

tourdir dans le plaisir des autres. Je bus coup
sur coup quelques verres de punch, dont la
chaleur me montait au cerveau ; puis, non
sans avoir encore hésité, le cœur serré d'une
appréhension angoissée, je marchai vers Cécile. Elle me regardait venir, ses yeux sombres ouverts sur moi, et mes idées se noyaient
dans une confusion inaccoutumée. Je lui demandai de danser. Pourquoi ne l'avouerais-je
pas? Je songeais aux bras d'hommes qui
l'avaient enlacée, et, la désirant pour la première fois d'un désir tout charnel, je médi-
tais quelque sournoise caresse... Mais non.
Nous tournions dans une lente mazurka ; de
temps en temps, son regard se levait sur moi,
je sentais brûler ses mains à travers ses
gants, — et j'étais reconquis à mon étrange
amour incertain, et je ne désirais plus rien
que de tourner ainsi longtemps, longtemps...

Elle se fatigua bientôt. Nous passâmes au buffet, où on nous laissa tranquilles un moment.

... Ah ! je l'avais mal jugée ! Depuis deux heures, des pensées sœurs des miennes la tourmentaient, elle tournait dans mon cercle d'angoisses, comme si je l'y avais attirée par une influence mystérieuse et involontaire. Et, dans l'isolement que nous parvînmes à nous creuser au milieu de la foule et du bruit, notre causerie fut ce qu'elle était toujours, avec pourtant quelque chose de plus intime et de plus pénétrant, car l'excitation ambiante aiguisait nos impressions et nous poussait à nous mieux comprendre. La banale musique d'une valse nous emportait, comme un vol de magnifiques harmonies, très loin ; puis, brusquement rappelés par une bouffée de gaieté ou par le passage d'un couple qui venait se rafraîchir, nous avions des réveils frémissants. Une fois, il fallut parler : la voix de Cécile, s'adressant à une personne étrangère, résonna comme si elle traversait une paroi. Par moments, nous avions la perception subite de légers sentiments gracieux qui naissaient autour de nous, vivaient la durée d'une valse pour se dissiper comme meurent des éphémères invisibles : il nous semblait alors que ces désirs éclos dans un serrement de main, ces soudaines et vagues sympathies qui passaient dans un regard, ces tendresses trop subtiles pour se formuler qui s'exhalaient dans la rencontre de deux souffles, nous frôlaient mystérieusement, nous enveloppaient de caressants effluves. Oh ! le besoin d'aimer qui me faisait lui parler plus bas et guetter toutes les ombres de son front !... Et elle ?... Elle aussi, j'en suis sûr, en cet instant-là, m'aimait : l'amour passait en frissons dans sa main, qu'elle m'avait abandonnée, il passait dans ses yeux que je n'avais jamais vu briller d'une si douce lumière, il passait dans tout son être tendu vers le bonheur. Et puis... et puis, nous retrouvant bientôt nous-mêmes, nous nous heurtions à la triomphante misère de notre sentiment réciproque. En ce moment suprême plus encore qu'en nos plus mauvaises heures, notre incertitude devenait un fait positif, réel, presque tangible, quelque chose comme une maladie caractérisée, avec son cortège habituel d'obsessions, de regrets, de doutes qui enfonçaient dans notre chair leurs dents irrassasiées.

Puis il fallut entrer dans le grand salon. Nous fûmes presque aussitôt séparés. Cécile se remit à ses devoirs mondains. L'air alourdi pesait sur moi comme un ciel massif. Les heures s'écoulaient dans une tension toujours croissante de mon être : je souffrais d'une douleur inconnue, j'aurais voulu m'enfuir, et aucune volonté n'aurait pu me contraindre à partir. Je n'attendais plus rien, je n'espérais plus rien, je m'avouais toute la lâcheté de mon cœur, et, quand le regard de Cécile me frappait comme une lueur aveuglante, je détournais les yeux... Oh ! chemin de Damas, où Paul trouva la foi dans un éclair !...

... Vers les trois heures, la moitié des invités se retirèrent. La musique était plus sonore dans le salon plus vide. Je revins à Cécile, et nous partîmes ensemble pour une valse lente.

L'idée ne nous vint pas que des yeux malveillants nous suivaient peut-être ; nous ne songions pas à l'indignation des mères, immobiles sur leurs sièges, tranquilles, passives ; nous sentions à peine les couples que nous bousculions en passant. Grâce au bercement du rhythme, grâce à l'ivresse de notre tournoiement rapide et régulier, il se fit d'abord en nous un calme relatif. Grisés l'un de l'autre, entraînés par l'absorbante volupté de la valse, nous allions, nous allions dans un vertige. Les gens, les choses tournaient avec nous, nous entourant d'une ronde d'ombres mouvantes, sous une lumière fantastique faite de reflets multipliés, dans une atmosphère où l'on respirait une ivresse de parfums et dont tous les atomes vibraient aux sons d'une musique quatre fois étourdissante. Le temps passait, et nous allions toujours, perdant peu à peu toute notion autre que celle de notre mouvement. Puis il nous sembla que nous nous dégagions de nous-mêmes : nous n'entendions plus qu'un battement monotone marquant la cadence à coups étouffés de plus en plus; les lumières confondues nous baignaient dans des lueurs de rêve; nous ne sentions plus le parquet glisser sous nos pieds ; nous ne sen-'ions plus rien en nous-mêmes qu'un immense oubli, qu'un vide qui nous dévorait.

Tout à coup Cécile, s'échappant presque de mes bras, se laissa tomber dans un fauteuil, hors d'haleine. Je m'assis à côté d'elle, la tête encore perdue, me voyant toujours entouré par des tourbillons de couples enlacés, vagues et bourdonnants. Et tandis que la valse continuait à courir, pendant un long *fortissimo* du petit orchestre en verve, — Cécile toussa longtemps dans son mouchoir, d'une toux que j'étais seul à écouter, d'une toux sèche dont les hoquets me déchiraient le cœur. Une fièvre plus intense brillait dans ses yeux, son visage se colorait d'une rougeur ardente. J'eus peur, je lui demandai :

— Qu'avez-vous?

Mais l'accès se calmait. Elle retira son mouchoir ; et, tandis que son visage reprenait peu à peu sa pâle matité, — la respiration encore sifflante, la gorge soulevée, elle me répondit :

— Rien, oh ! rien !

Et sur ses lèvres sèches et fendillées errait son mystérieux sourire...

Alors le salon s'évanouit comme au signe de quelque puissant enchanteur. Les bruits se turent. Je n'entendis plus rien, je ne vis plus qu'elle ; et nos yeux se parlaient comme des livres ouverts.

Des aveux me montaient aux lèvres, des aveux que je voyais aussi suspendus à sa bouche, des aveux d'un amour enfin vainqueur — et que nous refoulions pourtant. Nous ne parlions plus ; mais la folie des passions mal réprimées s'agitait en nous, nos deux êtres vibraient comme deux cordes trop tendues secouées par une main invisible. Je sais ce qui se passait en elle, car la même chose se passait en moi : toutes nos tendresses inexprimées, qui ne pouvaient éclater, nous glonflaient le cœur ; nous entendions résonner en nous l'écho de toute les douleurs parallèles aux nôtres ; nous vivions de longues, longues minutes, où des sentiments contradictoires se condensaient dans nos âmes plus que jamais hésitantes, tiraillées et meurtries. Peu à peu, nous nous élevions ensemble en dehors de la notion du temps, dans une sphère supérieure où toutes les facultés se sont résolues en une seule, qui est celle de souffrir, sans interruption, sans cause. Puis, du fond de nous-même, un désir s'éleva : le désir de la délivrance. Et une pensée unique nous saisit, nous secoua, ne nous lâcha plus : la Mort, la Mort, la Mort...

... Et bientôt, ce ne fut plus un désir indécis, ce ne fut plus la vague idée de la Mort : notre amour, enfin triomphant, se fondait en une commune aspiration qui nous unissait, loin de la fugacité des passions ordinaires, loin de l'étroitesse du plaisir habituel si borné, loin de la monotonie des jours qui recommencent ; de toutes nos forces, de toute l'ardeur qui est en nous, de toute la puissance que nos douleurs ont pu nous donner, nous aspirions au NE PAS ÊTRE. Nous nous noyions ensemble dans la douceur du néant, si profonde que nul ne la percevra jamais ; nous rêvions le rêve final dans toute sa majesté : nous n'étions plus que deux fleurs dont la sève était notre sang et dont les parfums se mariaient dans l'air, plus qu'une vapeur dissipée par des souffles dans les bleus infinis, — plus rien. Le temps, le monde, l'espace n'existaient plus : et de ce chaos montait pourtant comme un murmure, et c'étaient les voix des choses disparues qui célébraient l'ineffable béatitude de ne plus exister...

Et puis, les brusques rentrées de la réalité... Un importun nous sépare ; d'autres danses sautillent dans le salon. Les fatigues de la nuit pèsent sur tout le monde ; certains visages se marbrent ou se plaquent de tons blafards... De temps en temps, mes yeux rencontraient ceux de Cécile ; et même en ne la regardant pas, j'étais toujours douloureusement obsédé par son sourire...

... Enfin, parti le dernier, je me trouvai dehors, dans l'air frais. Le petit jour se levait : sous ses clartés embrumées, les maisons s'estompaient en grisailles mystérieuses. La vie recommençait à rouler son agitation et ses bruits. Pendant toute la nuit, j'avais vécu si loin, qu'un moment je me crus transporté dans un pays étranger, où une autre race aurait parlé une langue inconnue. J'avais hâte et peur de rentrer chez moi : il me tardait d'échapper à la tyrannie de ces visages inconnus qui fourmillaient autour de moi, et je craignais la solitude trop connue de ma chambre...

Je m'y retrouvai pourtant.

Jamais je n'avais tant souffert des bruits de la rue, dont le bourdonnement gravissait mes cinq étages et résonnait dans ma tête, avec de rares accalmies que coupaient de tapageuses reprises, dès qu'une lourde voiture ou un omnibus tonnait sur les pavés et faisait crier les vitres. J'aurais voulu m'en aller, n'importe où, dans la banlieue, par des chemins où les moindres sons se fussent étouffés sur un tapis de neige, où, dans le froid, la pensée se fût engourdie jusqu'au complet silence. Mais une lassitude énervée me clouait sur place. J'avais fermé les yeux. Quand je les rouvris, le jour presque vif entrait par la fenêtre et me faisait mal. Je n'eus pas le courage de me lever pour tirer les rideaux. Et je restais, immobile, fatigué, dans cette pénible lumière, tressautant à chacun des bruits nouveaux qui se succédaient sans interruption.

Vers le milieu du jour, je pus sortir.

C'était une molle journée d'hiver. Des souffles tièdes passaient, chariant le spleen. La volonté se détendait dans l'air humide où flottaient, condensés comme en un brouillard, tous les dégoûts des plaisirs de Paris.

Je descendis sur les boulevards : la foule accoutumée battait les trottoirs, à pas pesants, grouillait autour des baraques du nouvel an

restées debout, s'amoncelait au coin des rues
et des passages, et s'écoulait lentement, comme
un flot toujours renouvelé, avec un gronde-
ment continu. Des files de voitures se pres-
saient sur le macadam, dominées par les im-
périales des gros omnibus chargés de grappes
humaines. Partout, jusqu'au fond des boutiques en pleine agitation; avec des appétits
divers suraiguisés par des rencontres, par des
contagions de convoitises, par des tentations
multipliées; piqués par des aiguillons inté-
rieurs ou talonnés par la tyrannie des circonstances; heureux d'un but atteint, et rongés
déjà par une ambition nouvelle, ou rassasiés
jusqu'à l'écœurement d'une possession trop
longue, ou tourmentés jusqu'au désespoir par
des désirs obsédants et jamais réalisés, —
partout les hommes vivaient leur vie ordinaire,
vainqueurs ou vaincus dans l'éternelle lutte,

6

tyrans des choses et des êtres ou tyrannisés par eux, mais toujours sans bonheur et sans liberté.

J'aurais voulu les fuir, et j'étais comme emprisonné dans leur foule. Un immense besoin de solitude m'envahissait ; j'aspirais au repos loin de toutes ces agitations, loin de toutes ces fatigues dont je participais sans le vouloir, dont je sentais la fièvre dans mes veines et la folie dans mon cerveau. Mais où aller ?

Je quittai le boulevard. Je m'enfuis dans des quartiers tristes, j'errai par des rues étroites et désertes ; le silence des grandes maisons délabrées est effrayant comme une douleur muette, et le bourdonnement du grand Paris, que soudain on aperçoit à un détour, noyé dans une mer de brouillards, ressemble à un bruit de sanglots que la distance étouffe...

. . . .

... Maintenant, je pense à des voyages lointains : il y a, par delà les mers, des pays où la terre est féconde et bonne à l'homme ; où l'on ignore les fatigues de la pensée, les raffinements des besoins, les décrépitudes du cœur ; où des arbres énormes vous offrent l'abri de leurs larges feuilles et laissent tomber leurs fruits mûrs à vos pieds ; où l'horizon est toujours clair et le vent caressant ; des pays où la végétation vous enveloppe dans les bras de tous ses rameaux, vous enivre de tous ses parfums, vous berce dans le concert de toutes ses harmonies, jusqu'à ce que votre âme s'absorbe dans la vie universelle comme un souffle inutile et léger. Là-bas, le temps coule et ne compte plus ; vous n'avez plus besoin de détruire pour vivre ; nul écho des tempêtes humaines ne vient vous troubler ; le cercle de vos désirs se rétrécit lentement,

jusqu'à mettre toutes ses limites à votre portée ; et vous vous identifiez aux plantes inconnues qui se multiplient autour de vous, plus
vivaces que vos pensées. De temps en temps,
vous songez encore aux choses, aux êtres que
vous avez aimés autrefois, si loin, là-bas ; et
puis les figures chères s'effacent, les derniers
souvenirs se taisent...

XIII

Paris, 15 janvier.

La vanité de mes ambitions m'est démontrée; je perçois enfin mes impuissances.

D'abord, c'est ma pensée qui se meut dans le vide : elle ne repose sur rien et n'a pas d'ailes; elle manque également de courage pour se replier sur la réalité, de vigueur pour se perdre dans le rêve. Je ne suivrai jamais dans leur vol ces grands esprits qui ont voulu embrasser d'un coup d'œil l'ensemble des choses et la résumer dans une large synthèse; mais je ne saurai pas non plus m'astreindre aux patientes recherches de l'analyse, dont les résultats trop petits ne me tentent guère ; l'expression de mon idéal, si je la trouve, n'excitera jamais que la curiosité des esprits incomplets, et faibles comme moi, et les livres que je pourrai faire ne satisferont pas plus les autres que moi-même... D'ailleurs, à quoi bon parler, et que dire ? Il n'y a rien à prouver : l'incertitude est partout : aujourd'hui dément la vérité d'hier, deux témoins ne peuvent rapporter un même fait de la même manière. Il n'y a rien à trouver : depuis qu'elle sait s'exprimer, l'humanité rumine ses vieilles idées qui sous ses dents ont perdu leur sève et ne lui sont plus qu'un aliment sans saveur. Et puis, à quoi bon trouver quelque chose ? L'élément nouveau se perd aussitôt dans la masse des autres... L'art seul, parce qu'il a sur les autres manifestations de l'esprit humain l'avantage d'être franchement inutile, l'art seul est digne de quelque intérêt ; mais il torture ceux qui le cultivent par les doutes les plus douloureux, il fait miroiter devant leurs yeux un fantôme de perfection insaisissable, — hélas ! il leur inspire le chimérique amour de la gloire. Et l'œuvre la plus merveilleuse fait palpiter une génération, quelquefois deux, puis il faut un effort pour la comprendre, puis elle sert à atrophier le cerveau des érudits, et les maîtres d'école l'infligent en pensums à leurs élèves jusqu'à ce quelle tombe dans l'oubli définitif. Pas plus que les œuvres, les noms ne sont éternels : ils subsistent vaguement pendant quelques siècles, puis se perdent et se confondent. Erostrate est au moins aussi célèbre que Phidias ; Cartouche l'est déjà beaucoup plus qu'André Chénier. Et cette confusion dans l'histoire des œuvres et des crimes n'est point une injustice des postérités : c'est une haute leçon qui nous montre combien nos actions sont indifférentes. Décorer le Parthénon ou brûler le temple de Diane, qu'importe? l'incendie s'éteint, et le Parthénon tombe en poussière. Et l'immortalité, qu'est-elle? Une illusion sur la durée, une survivance de quelques siècles qui ne comptent pour rien, car, dans l'infini du temps, les siècles ne sont même pas ce qu'est l'astre le plus fugitif dans l'infini de l'espace... L'artiste ne peut donc rien espérer de son travail, et n'en retirera quelque chose que s'il est spontané comme la floraison des plantes : alors l'œuvre créée par ce labeur facile, dans l'enthousiasme, dans le délire, peut disparaître et se perdre : elle a rempli son but, son épanouissement récompense les soins qu'elle a coûtés... Or, je sais d'avance tout ce que je vais écrire, et j'en suis las avant d'avoir pris ma plume.

Et puis, mon cœur a les défaillances de mon cerveau, mes affections sont aussi flottantes que mes pensées. Le sentiment sous l'empire duquel je suis à cette heure me torture comme l'idée irréalisable d'un chef-d'œuvre. Et il s'évanouira au moindre bruit, il disparaîtra après m'avoir traîné et meurtri par ses voies incertaines, en me laissant à peine le souvenir d'un cauchemar ou d'un beau rêve, je ne saurai pas au juste lequel des deux, mais en tout cas, de joies sans réalité et de souffrances illusoires.

Il me souvient d'avoir vu, en été, au bord de mon lac, des menaces d'orage.

La terre est fendillée par une longue sécheresse, les plantes et les arbres altérés languissent et leurs racines se soulèvent du sol aride, de minces filets d'eau rampent à peine dans les lits des ruisseaux, des sources se sont taries, les couleurs fraîches de la nature se fondent en une teinte unique, morbide et jaune. Le paysan tremble pour ses récoltes que brûle le soleil, la terre est lasse de chaleur et lasse de lumière... Voilà qu'un jour, des nuages s'amassent vers le sud, au bout de l'horizon. Ils avancent, ils enveloppent dans leur masse obscure les montagnes, les rives, le lac, confondus. Le vent soulève la poussière amassée partout, collée aux feuilles, et la fait danser éperdument, il tord les arbres dont les branches s'entre-choquent avec des cris, il remue les eaux qui s'agitent et se gonflent d'écume. Dans des rayons perdus qui peignent des traînées de lumière pâle sur les eaux glauques, des mouettes effarées font étinceler l'argent de leurs ailes. Puis des éclairs fendent l'espace, tantôt en fines lances et pareils à des flèches incendiées que briserait un bras géant,

tantôt en vastes lueurs dont les phophores-
cences allument la moitié du ciel. Et, au-dessus du bruit des flots, au-dessus du bruit du
vent, on entend gronder les nuées qui courent
à travers les hauteurs sur leurs ailes vertigi-
neuses, qui se heurtent et s'étreignent en des
luttes de désespoir. C'est l'orage qui se prépare, c'est la pluie, la chaude pluie d'été aux
larges gouttes, attendue et bienfaisante... Mais
un souffle du nord se lève et balaye l'espace;
et dans le ciel implacablement bleu, le soleil
vient brûler de nouveau, buvant les dernières
gouttes de sève des plantes que le vent n'a
pas broyées... Eh bien, quoique les tempêtes
humaines n'aient pas la magnificence de celles
qui secouent la nature, quoiqu'elles soient
intimes et silencieuses, — trop souvent un
pareil phénomène se passe en moi. Je suis las
de ma vie que rien ne féconde, je suis épuisé

comme les torrents d'été, je suis altéré comme
les herbes sèches. Mes nerfs se tendent dans
un désir qui touche à l'inconnu ; ma pensée
haletante s'obscurcit dans un espoir angoissé,
l'image invoquée la traverse comme en des
fulgurations, grandit, s'impose, est tout près
de moi, me tient sous l'ivresse de son regard :
c'est presque l'oubli, c'est presque l'amour...
Et tout passe ! — Et comme le paysan contemple ses récoltes que le vent a renversées
sans les rafraîchir, — courbaturé par la tempête des désirs stériles qui vient de passer sur
moi, je contemple l'aridité de mon cœur...

Et puis, — dernière faiblesse ! — et puis,
je me console en philosophant. Mon cas, qui
est à coup sûr celui de beaucoup, m'apparaît
comme une espérance dernière. Pourquoi cette
impuissance de sentir n'amènerait-elle pas à
la fin la seule vraie rédemption, le sacrifice

suprême de l'espèce à la Fatalité victorieuse ?
Oui, quand la sensibilité sera morte, tuée par
son excès même ; quand les exigences de la
vie, à force d'être multipliées, nous opprime-
ront comme autant de tyranniques habitudes ;
quand il n'y aura plus pour rapprocher les
sexes que le banal aiguillon de la chair, —
pourquoi les hommes et les femmes ne renon-
ceraient-ils pas, d'un accord commun, à cet
éclair de plaisir qui, sans même satisfaire leur
désir trop complexe et trop difficile, précipite
dans le gouffre de l'être un malheureux de
plus ? Alors, la Raison triompherait enfin de
la loi de nature, de l'instinct ; sa supériorité
éclaterait dans le renoncement final ; et le
dernier homme et la dernière femme s'étein-
draient dans leur vieillesse vierge, en laissant
déborder autour d'eux la bestialité de la terre
enfin délivrée, au milieu d'une végétation

ranimée par les flots d'une sève nouvelle, expirant dans cette grande pensée que la vie immatérielle expire avec eux, et que, pour boire les rayons du soleil ou grelotter aux froidures, il ne reste plus que des brutes inconscientes, les animaux et les fleurs...

O folles rêveries ! mirages trompeurs d'un monde libre ! désir stupide de l'irréalisable négation !... A quoi bon errer à travers ces pensées ? Pourquoi appeler l'anéantissement de l'espèce, — moi dont la raison se cabre devant la Mort, moi qui frissonne de la fièvre d'exister ?...

XIV

Je me suis arrêté longtemps devant un étalage de gravures du xviiie siècle. C'étaient des seins découverts, des bouches s'appelant au baiser, des corps pâmés dans l'attente : tout l'attirail du plaisir facile qui vient, qu'on prend, qu'on oublie ; et le voile d'élégance que l'artiste avait jeté sur les brutalités du désir triomphant laissait transparaître sa conception de l'Amour : une source claire où chacun peut boire à même ; une exquise jouissance derrière laquelle ne grimace pas le spectre du dégoût ; une éternelle comédie qui déroule des scènes infiniment variées, souvent gaies, un peu ridi-

cules parfois, rarement tristes, jamais tragiques... Quel vent de douleur a soufflé sur le
siècle? Pourquoi l'amour n'est-il plus qu'un
océan gonflé de tristesses, qu'un désert lent
à traverser dont les oasis sont infectées de
monstres dangereux, qu'un instrument de torture qui peuple les bagnes et les hôpitaux ?..

... Et j'ai rouvert un livre du dernier poète
de l'amour :

« Tous les hommes sont menteurs, incons-
tants, faux, bavards, hypocrites, orgueilleux
ou lâches, méprisables et sensuels ; toutes les
femmes sont perfides, artificieuses, vaniteuses,
curieuses et dépravées ; le monde n'est qu'un
égout sans fond où les phoques les plus in-
formes rampent et se tordent sur des montagnes de fange ; mais il y a au monde une
chose sainte et sublime, c'est l'union de deux
de ces êtres si imparfaits et si affreux. On est

souvent trompé en amour, souvent blessé et souvent malheureux; mais on s'aime, et quand on est sur le bord de sa tombe, on se retourne pour regarder en arrière, et on se dit : J'ai souffert souvent, je me suis trompé quelquefois, mais j'ai aimé. C'est moi qui ai vécu, et non pas un être factice créé par mon orgueil et mon ennui. »

Hélas ! beaucoup d'entre nous ne sont plus que de ces êtres factices, fils de l'ennui et de l'orgueil, qui souffrent peu, se trompent rarement, n'aiment jamais; bien peu sont encore capables d'obéir brutalement à l'impulsion, même mauvaise, d'un sentiment irréfléchi; pour notre esprit qui veut tout connaître et qui pèse tout, l'éclair du plaisir n'en illumine plus les ténèbres, la jouissance ne suffit pas à compenser son inévitable cortège : les désirs qu'une trop longue attente a aiguisés jusqu'au désespoir, les regrets poignants comme des remords, les lancinantes angoisses de l'attente, la morne atonie et l'accablement de l'après...

En se réduisant ainsi, l'amour achève de déparer la vie. Il lui enlève sa dernière séduction, le dernier charme de fausse poésie dont notre imagination se plaisait à l'embellir. Et la vie nous apparaît enfin sous son vrai jour : elle est l'immuable caricature de nos rêves flottants, le marais où nos pieds s'embourbent, le filet dont les mailles nous enserrent pour permettre à la Destinée de nous frapper, comme la Clytemnestre antique, d'autant de coups qu'il peut lui plaire. Elle nous tire du néant pour nous laisser pourrir parmi les maladies comme des germes jetés par le hasard dans un mauvais terrain. Elle éveille en nous, l'une après l'autre, toutes nos facultés assoupies, dont les voix nous bourdonnent des tentations contradictoires et qui nous tiraillent en sens inverses. Elle soumet à notre torturante intelligence, qui se plaît à les contrarier, les instincts qui pourraient nous donner quelque bonheur; et, comme par un cruel raffinement, elle développe en nous cet autre instinct qui grandit de nos déceptions et de nos ruines, cet instinct de vie qui nous attache à notre chaîne, qui fait renaître en nos cœurs, à mesure que le Sort les fauche, les espérances mensongères, qui nous rend le repos plus pénible que la fatigue et le néant plus redoutable que la souffrance. De sorte que ce que nous pouvons encore espérer de mieux, c'est une existence indifférente dont nous détacherait un jour, d'un seul coup, quelque douleur subite, assez aiguë pour étouffer un instant — les quelques secondes qu'il faut pour armer un revolver — l'instinct fatal, la volonté de vivre.

XV

Paris, 27 janvier.

Je n'entrerais pas dans un théâtre, car je
hais au-dessus de tout ces prétentieuses cari-
catures de nos mœurs ou de nos caractères,
qui servent à « faire valoir » les grimaces, la
voix ou les attitudes d'odieux cabotins. Mais,
quand la soirée m'effraye trop, quand j'ai trop
peur de ma solitude, je m'en vais tuer le temps
aux Folies-Bergères, au Skating, au Cirque.
J'aime les bons saltimbanques, vigoureux gail-
lards qui vivent de leurs muscles et non pas de
leurs nerfs, les écuyères qui pirouettent sur la
selle plate des chevaux de manège, les ballets

qui exhibent en des emmêlements plastiques de savantes nudités pendant que glapit la musique canaille d'Hervé, les claques, les gambades, la grotesque fantaisie de la pantomime anglaise, — j'aime surtout cette foule complexe, disparate, bien étrangère à moi, bien *autre* que moi, cette foule que des convoitises remuent, qui a des vices et les satisfait, j'en aime le trompe-l'œil qui a imaginé le mauvais satin des toilettes, le maquillage des figures et les bourres des corsets, les promesses des yeux, la grâce des gestes et la petitesse des pieds, favorisé par un éclairage ami du mensonge, par les miroitements du gaz, des globes de verre peints, des velours des banquettes, par les buées qui flottent dans la salle et par les parfums changeants qu'on hume à toute rencontre. Il me semble là que je suis dans un monde faux, créé par un rusé prestidigitateur et qu'un coup de baguette va faire disparaître. Je ne sais rien de ces êtres qui me mentent par leurs apparences. J'ignore si la femme dont le chignon jaune tombe sous mon regard est plus fourbe que l'escamoteur japonais qui crache des fleurs ou moins grimée que le clown à visage enfariné dont la bouche est allongée en rire. Je sors de moi-même, je suis un curieux, je regarde, j'écoute, je pénètre un peu dans toutes ces vies, j'apprends quelque chose dans tant d'inconnu... Et puis, aux sons d'une marche bruyamment rhythmée, dans l'obscurité laissée par le lustre baissé trop tôt, la fantasmagorie disparaît et la salle se vide. De nouveau Paris me reprend, me roule parmi sa foule où ma place est marquée, me ramène lentement chez moi. Les cafés étendent une nappe de lumière sur le trottoir que battent les pas accoutumés ; des bouts de phrases

se heurtent ; on passe, on vient, on va. La
sortie des théâtres encombre le boulevard où
s'entrecroisent les lanternes des voitures.
Puis, peu à peu, la foule s'éclaircit, disparais-
sant par les rues aux longues perspectives plus
sombres, et bientôt on ne voit plus, dressées
sous les réverbères, que des figures mélancoliques et quêteuses qui s'effacent aussi à la fin.
quand le pas monotone des sergents de ville
résonne sur l'asphalte abandonnée, quand les
ombres furtives des rats commencent à glisser
sur le bord des trottoirs.

Alors il faut bien rentrer dans la chambre
seule ; il faut quand même subir la nuit.

XVI

Paris, 2 février.

Il m'arrive souvent de rester plusieurs jours
sans la voir et sans désirer la voir, comme si
je l'avais oubliée. Son image s'efface, mon
cœur se tait. Puis, tout à coup, je me sens ap-
pelé vers elle, je me souviens de mille détails
d'elle qui l'imposent à ma pensée, je suis
poursuivi par de vagues inquiétudes qui me la
font aimer de nouveau... En chemin, ces inquiétudes se précisent : je me figure qu'elle est
malade, qu'elle est partie, qu'elle souffre,
qu'elle aime, que sais-je ?... et je presse le

pas, et je suis très ému en sonnant à sa porte.
J'explique ma visite par un prétexte quelconque : un livre que j'apporte, une partition
oubliée, un prochain concert. Et je reste longtemps, presque tranquille, presque heureux,
à l'écouter. Son visage s'est éclairé en me
voyant, sa belle voix au timbre profond se
fait douce et me caresse, elle me dit des choses
exquises. Moi, je parle de tout, sauf de ce qui
me remplit le cœur....

N'est-ce pas là tout ce qu'il faut ? Pourquoi
ne continuerions-nous pas à nous entendre à
demi-mots ? Pourquoi ne laisserais-je pas ma
volonté se détendre et s'assoupir dans ce commerce d'une si délicieuse intimité ? Pourquoi
troublerais-je cette source où dorment nos
désirs ?... Je suis heureux ainsi, heureux pour
une soirée que je pourrais recommencer presque chaque jour... Pourquoi m'obstiné-je à me

prouver que ce bonheur est un mensonge
— et qu'elle n'est pas à moi, et que je ne suis
pas à elle, et que nous nous trompons tous
les deux?..,

XVII

D*** m'a parlé ce soir des baisers. Il aime
cette caresse charmante et futile, il se rappelle
avec joie certains baisers qui lui ont laissé
plus de souvenirs que de longues amours.
Pour moi, je ne désire pas les lèvres de
Cécile, je ne désire pas serrer sa main, je ne
désire aucune de ces menues faveurs par
lesquelles débutent les amoureux. Ce qu'il me
faudrait, ce que je voudrais si je savais vouloir, c'est une absolue pénétration réciproque,
c'est l'absorption complète de mon être dans le
sien, tout le secret de son âme, tout le mystère

de son inconnu. Et pourtant, si je n'avais qu'un mot à dire pour qu'elle fût à moi tout entière, je ne le dirais pas, car je ne sais si je pourrais me donner en échange, et, quand je croirais à son amour, je douterais encore du mien...

XVIII

Paris, 5 février.

Chez des tempéraments excessifs et trou-
blés, développés à contre-sens par une longue
hérédité d'ambitions, d'impuissances, de luttes,
de fatigues, de doutes, au faix de laquelle
s'ajoutent les fardeaux de leur propre vie, la
première place ne saurait être aux sentiments
naturels : elle appartient à ces sensations factices que l'imagination transforme, grossit,
multiplie, et qui finissent par tout absorber.
C'est, dans le domaine moral, la reproduction
d'un fait physique : les estomacs blasés ne
digèrent plus les aliments simples, il leur faut

des piments et des drogues ; l'organisme habitué à la morphine ne fonctionne plus sans sa dose de poison. Et il y a au bout l'usure hâtive, la fin prématurée et tragique, il y a l'indifférence aux vieilles affections, aux devoirs si bons à remplir; il y a la mort du cœur.

XIX

Paris, 6 février.

Mon amour — si je puis appeler ainsi ce
pauvre sentiment qui me travaille sans pouvoir
me façonner à sa guise — mon amour traverse
parfois de singulières crises. Pendant quelques
jours, il disparaît dans une fatigue de tout
mon être, il s'endort dans une léthargie. Alors,
je le contemple curieusement, comme une
chose matérielle et inerte, et je ne sais plus
s'il est mort ou vivant. Puis il se réveille, avec
son cortége habituel, et ma curiosité se remet
à l'œuvre dans un autre sens. Sorti de moi-
même, je ne m'occupe plus de Cécile ; mais,

au lieu de l'adorer sans arrière-pensée, je me mets à chercher ses défauts et ses faiblesses.

Il y a en elle une intime aspiration vers la force : mes hésitations la blessent dans quelque chose de plus profond que sa vanité féminine : elle se révolte contre la possibilité de la soumission à un être qui n'affirmerait pas, par tous ses actes et dans toutes ses allures, la trempe solide de son caractère ; mais en même temps, elle subit l'attirance d'une nature sœur de la sienne, elle vient à moi. Et il s'engage quelquefois une sorte de lutte entre les deux femmes qui sont en elle, dont chacune conserve un idéal différent : à l'instant même où elle me témoigne sa si douce sympathie, voilà qu'elle change brusquement : elle évite de me plaire, elle prépare des mots qui me blessent, elle étale des sentiments opposés aux miens. Mon éternelle méfiance, endormie la minute d'avant, se réveille et me met en garde. Alors, nous sommes des ennemis rivalisant de ruses et de stratagèmes dans une guerre déloyale. Nous nous épions l'un l'autre à travers les moindres conversations, désireux de nous trouver en faute, toujours prêts à revenir sur les impressions acquises, ballottés d'un éclair d'abandon à des heures d'anxiété, parmi d'indéfinissables incertitudes. Je sais avec désespoir que je ne la connais pas encore, que je ne la connaîtrai jamais, qu'il y a entre nous un obstacle infranchissable, comme une montagne mystérieuse qui arrête nos élans mutuels. Elle m'échappe comme un fluide, et je la fuis ; et pourtant, dans quelques régions écartées où je me trouve, je devine encore son souffle autour de moi, son souffle qui m'entoure comme une atmosphère chargée de parfums alanguissants et de tiédeurs malsaines...

Alors je la hais. Je me débats contre ses effluves qui me pénètrent. Je halète sous son obsédante image. Je la secoue comme un cauchemar. Je voudrais être délivré d'elle. Oui, je voudrais m'en aller dans des pays où j'ai déjà vécu, où j'ai peut-être aimé, où j'ai pleuré : les paysages gravés dans ma mémoire m'apparaîtraient sous une lumière nouvelle, merveilleusement embellis par les mirages du souvenir ; je retrouverais à chaque pas des impressions effacées qui se reformeraient en moi, comme la trace humide effacée qu'un souffle ramène sur une lame d'acier ; je revivrais le passé comme on le revit toujours, en le parant de grâces qu'il n'a pas eues, en oubliant ses amertumes ; en remontant le cours du temps, je m'éloignerais d'elle... Ou bien, je voudrais chercher des contrées inconnues, respirer un autre air que le sien, vivre sous un ciel où se lèvent d'autres étoiles, parmi des végétations qu'elle ignore et des paysages que ses yeux ne peuvent contempler, entendre surtout des musiques qu'elles n'a jamais jouées, des musiques barbares dont les sons vagues me reposeraient de ses énervantes mélodies...

... Mais une force inconnue me ramène toujours auprès d'elle : et, pour peu que je surprenne sur ses lèvres ce sourire qui me fascine, pour peu qu'une même idée nous vienne en même temps à tous les deux, pour peu que, par un hasard fréquent, elle se mette au piano et me joue, sans en être priée, le morceau que je désirais entendre, qui réveille en moi des échos assoupis et me fait mal, — je retombe dans mon premier état, je l'aime et je doute...

XX

Paris, 7 février.

Que les blasés sont heureux ! Sans doute,
la satiété les ronge aussi cruellement qu'un
désir inassouvi, et leur fantaisie épuisée gémit
dans le vide. Mais au moins, *ils ont eu* les
choses dont il ne leur reste que le dégoût, ils
ont possédé les biens que leur lassitude dédai-
gne. Or, quand je cherche à m'expliquer mes
défaillances et mes doutes, il me semble que
j'anticipe sur cette conclusion fatale de toute
jouissance : j'ai le dégoût même de ce que je
ne connais pas, ou plutôt, j'ai le sentiment
trop vif que le dégoût est au cœur et à la
racine de tout, de ces grandes joies infinies

auxquelles on aspire en lâchant ses rêves comme des plus faciles plaisirs, de cet amour qui se traduit par des chefs-d'œuvre et de nobles actions, comme de la passion bestiale qui vous fait suivre une fille sur le trottoir, des efforts les plus féconds de la pensée comme du niais travail d'un gratte-papier dans son bureau ou du casseur de pierres sur le grand chemin. Au moment même où je tourmente mon cœur ou mon cerveau pour en faire jaillir une étincelle, au moment où, si j'écris, je crois tenir enfin l'expression poursuivie, la page définitive et splendide, où, si je rêve ou suis auprès d'elle, je sens mon être se dilater dans un désir vainqueur, hypnotisé comme par une lueur subite, à l'instant précis où je vais M'OUBLIER, — je suis arrêté par une représentation épouvantablement exacte de ce dégoût caché dans mon abandon d'une seconde, et qui, dès le réveil, va me tordre dans ses bras lépreux. Oui, le désir et le dégoût se touchent alors de si près qu'ils se confondent et ne font plus qu'un, et je les sens qui me travaillent tous les deux à la fois. Ma chair, encore frémissante des vrilles de celui-là, s'apaise dans le lit d'insomnies et de cauchemars où l'autre la pousse. Ma pensée en marche s'arrête soudain et recule meurtrie, comme un bataillon décimé dans une embuscade, jusqu'aux retranchements du silence. Où est la force qu'une seconde j'avais sentie en moi ?... A la fin, le dégoût reste seul : comme une ombre se mouvant dans une lueur très pâle, il grandit, il devient immense, il absorbe tout, le présent et l'avenir, ce qui est et ce qui pourrait être, il étend jusqu'à d'invisibles limites son envahissante obscurité, et sa main pesante m'écrase dans ces ténèbres émanées de lui...

8.

XXI

J'ai huit jours de liberté, je cherche la distraction du voyage dans cette Angleterre — vrai pays d'hiver — que je veux avoir vue.

La plage est fatigante, avec la froide régularité de son interminable quai, avec son va-et-vient de foule paradant au gré de la mode, avec son aspect comme il faut et son ennui décent et réglé. La mer en devient banale, du moins jusqu'au coucher du soleil. A cette heure-là, comme c'est aussi l'heure du thé, la plage est déserte, occupée à peine par les jeux de quelques enfants attardés, en sorte

que le drame grandiose et quotidien, la lutte
de la lumière et de la nuit, n'a pas de spectateurs. Et comme il est magnifique, sur cette
mer toujours embrumée, dans ce ciel dont les
nuages prêtent au soleil mourant leurs mer-
veilleux tamis! Comme il rappelle obscuré-
ment le souvenir de ces ballades du Nord où
la nature vit d'une vie fantomatique et terrible!
Jamais je n'oublierai la large ligne blanche
tracée à l'est par une main géante, qui longe
l'immensité grise à mesure que l'heure
avance, les tons sombres des galets humides
rutilant sous la lumière comme une couche de
diamants noirs, et plus tard, l'incendie que le
soleil allume à l'Orient et que la nuit éteint...

Il y a encore ici un autre paysage que
j'aime.

Lorsqu'on a échappé à la tyrannie des maisons grises alignant leur *bow-windows* ornés

de durs fusains, les dunes commencent, et
leur uniformité dégage je ne sais quelle mélancolie envahissante. Ici et là, de maigres
bois de pins coupent la longue étendue bosse-
lée. Entre les mamelons dénudés où ne fleu-
rissent que d'âpres genêts à fleurs jaunes, la
route chemine tantôt écrasée et fermée, tantôt découvrant soudain un horizon inattendu,
sablonneux, rocailleux, qu'on dirait fait à gros
coups de taches noires, grises, vert foncé. On
avance dans la solitude : parfois, une amazone
suivie d'un groom passe au galop ; à de lointains intervalles, on rencontre une ferme aux
murs gris, plantée comme par bravade au
milieu de cette nature inféconde. Nulle part,
de ces auberges à fraîche tonnelle qui égayent
les plaines de l'Alsace ou les villages suisses :
ici, l'homme lutte et ne jouit pas...

XXII

Londres, 24 février.

L'horrible vie, dix fois plus active, plus
tourbillonnante, plus inquiète que celle de
Paris !... L'horrible foule, plus grouillante et
plus déguenillée que celle de nos derniers
faubourgs !... Et à quel point ces interminables rues, qu'on dirait percées comme des
tunnels à travers cet infini de maisons, et ces
lanes obscurs qui les relient ensemble, imposent le sentiment de la misère humaine !...
Je me suis égaré dans le labyrinthe de la Cité,

à l'heure où toutes les races s'y bousculent : j'ai vu des Chinois dans leurs robes, des faces écrasées de Japonais, des nègres à forte carrure, de fins profils jaunes d'Hindous, se mêler à travers cette activité européenne qui secoue jusqu'à leur paresse d'Orientaux. J'ai erré dans Oxford Street, la « Marâtre au cœur de pierre », où j'ai évoqué la souffreteuse figure de la pauvre Ann, la prostituée au cœur compatissant qu'immortalisa Quincey. J'ai flâné la nuit à travers Hyde-Park noyé dans le brouillard, avec ses réverbères à reflets fauves, les squelettes de ses arbres hauts et minces, hanté par une foule de fantômes furtifs glissants silencieusement sur le sable des avenues, — solitude mystérieusement peuplée qui, au cœur même de la ville, dégage un peu de la terreur des bois sacrés antiques. — J'ai bu sur les comptoirs des *pu-*

blic houses le *porter* noir et lourd et le *whisky* d'Écosse à la dure saveur. Et dans les rues, comme dans les parcs, comme dans les bouges, j'ai senti peser sur moi l'obsession de toutes ces vices qui se développent et finissent là, j'ai porté le poids de leurs douleurs accumulées, mes moelles ont frissonné de leurs frissons. Ce n'est pas de la pitié, ce n'est pas de la sympathie : c'est une secousse de la chaîne qui unit ma destinée à toutes les destinées, qui fait que par moments ma personnalité m'échappe, en sorte que je ne suis plus qu'un atome dans l'immense organisme humain. Dans les villes, parmi les foules malheureuses, en rencontrant les figures horribles, sinistres ou grotesques où l'on peut lire l'histoire de certains forçats de la vie, je sens cruellement cet esclavage. Ces forçats sont mes frères, leur sang est germain de mon sang, leur chair est proche de ma chair, ils sont au même titre que moi les atomes d'un même corps... Ah! quand donc pourrai-je fuir les villes!...

XXIII

Paris, 27 février.

Eh bien, de ce voyage, je rapporte un grand souvenir : j'ai déjà oublié les rues, les visages rencontrés, la foule, les parcs et la Cité : mais je vois encore, et aussi nettement que si je les avais devant moi, tant elles se sont emparées de mon âme, les divines figures de Rossetti... Elles sont entrées en moi, je me les suis appropriées, et maintenant elles passent dans tous mes rêves, flottantes et pourtant précises, changeantes comme l'esprit de leur créateur et conservant jusqu'à leurs moindres nuances, mystérieuses et matérielles.

Mon esprit ne se rassasie pas de les contempler, et je les aime. J'aime d'un amour profond et pur, dans sa morbidesse morte, celle qui fut la *Pia*. J'aime avec des désirs fous la tête noire aux grands yeux immobiles de l'*Astarté Syriaca*. J'aime jusqu'à l'extase la tête extasiée de la *Beata Beatrice*. J'aime surtout, oh ! j'aime la *Damoiselle élue*, qui s'appuie si divinement au balcon du ciel, « dont les yeux sont plus profonds que la profondeur des eaux calmes le soir », qui a « trois lis à la main et sept étoiles dans les cheveux ». Et comme elles sont entrées profondément dans mon cœur, les flèches de la *Vénus Verticordia !*... Dans quel philtre a-t-elle trempé ses dards, la mystérieuse déesse ? L'amour qu'ils font naître est celui qu'ont inspiré toutes ces créatures aux lourds cheveux massifs, aux épaisses lèvres rouges, aux yeux profonds comme les ténèbres et lumineux comme le jour. C'est l'amour de Lilith, la première femme d'Adam, qui n'avait pas dans les veines une goutte de sang humain, mais qui était pareille aux plus belles parmi les femmes. C'est l'amour que le poète a chanté quelquefois, le seul peut-être qu'il ait connu. C'est un amour troublé jusqu'à la folie, fait d'angoisses, de frissons, de terreurs, de sanglots, qui est la fièvre de l'âme, qui dessèche le sang dans le cœur, qui tarit dans le cerveau la source vive de la pensée.

XXIV

Dans le silence de mes désirs où je vis
depuis quelque temps, dans l'oubli définitif
ou momentané qui m'a pris sans cause, dans
l'indifférence apathique où ma passagère excitation s'est apaisée, je me trouve presque heureux. Je n'ai pas cessé de voir Cécile, quoique
j'aille moins souvent chez elle ; mais elle ne me
trouble plus, j'ai renoncé à résoudre l'énigme
de son être, j'ai renoncé à savoir si je l'aime,
je ne demande rien de plus que le charme de
ses entretiens, et je sens à la voir une joie
paisible. Il me semble qu'après avoir erré par

des chemins escarpés, je suis une route facile
et plate. La vie tranquille me reprend peu à
peu.

J'ai voulu profiter de cette disposition meilleure et me remettre au travail, mais je n'étais
pas assez maître de moi pour reprendre le
livre commencé. Et puis, j'éprouvais le besoin,
avant de poursuivre une œuvre d'imagination,
de remplir un peu mon cerveau vidé par ma
crise. Et, pressé aussi par une curiosité qui se
rattache à mon insatiable curiosité de moi-
même, je me suis mis à chercher, parmi les
religions, les philosophies et les littératures
mortes, comment sentaient et pensaient les
hommes d'autrefois, s'ils étaient sujets à nos
mêmes défaillances, si les luttes plus rudes
qu'ils avaient à soutenir contre les choses laissaient aux démons antérieurs le temps de les
tourmenter. Hélas ! aussi loin que remonte

l'histoire, des poitrines oppressées gémissent, des esprits harcelés se lamentent sur la misère inhérente à la vie, et c'est un long sanglot qui se répercute à travers les livres écrits en toutes les langues, — les vieux livres, témoignages vivants des contradictions, des erreurs, des défaites de la pensée humaine.

D'abord ce sont les Hindous, rongés par les fièvres, brûlés par le soleil, victimes d'animaux que la superstition leur défend de détruire. Ceux-là pénètrent tout de suite le principe des choses; leur vieux Gakia-Mouni leur enseigne que la vie n'est qu'une faculté de souffrir, et ils se résignent; et leurs sages, renonçant à combattre l'invincible fatalité, les exhalaisons de la terre et les miasmes de la pensée, placent leur idéal dans le suprême anéantissement, ne trouvant pas de pire menace pour les impies que celle d'une vie qui se renouvellerait longtemps dans le cycle des âges.

Pendant que les fakirs, insensibles aux moustiques collés à leurs plaies, au soleil dardant leur corps nu, à la faim ravageant leurs entrailles, s'appliquent à faire de la vie une image de la mort, — là-bas, dans la *Terre promise*, — rebâtissant leurs villes que les tyrans voisins ravagent de période en période, labourant avec des sueurs le sol pierreux de ce pays qu'ils ont eu tant de peine à gagner, marchant courbés sous la loi haineuse et sauvage de Jéovah, les Hébreux écoutent leurs prophètes qui, pour apaiser leurs révoltes, leur répètent les promesses d'un dieu menteur en les berçant dans un farouche. mépris de la vie. Et le plus grand de leurs rois, celui dont la magnificence étonna les nations voisines, celui dont la sagesse fit accourir la reine de

Saba avec des chameaux chargés d'aromates, d'or et de pierres précieuses, trouve le mot définitif, sans appel, le mot qui résume et condamne tout, et que les générations répètent après lui : VANITÉ.

Puis les poètes des Grecs — du « peuple heureux »—à travers leurs épopées où les dieux et les héros se mêlent, dans les chœurs de leurs tragédies que conduit l'inexorable Heimarméné et dans ces chants lyriques dont les siècles n'ont laissé parvenir jusqu'à nous que des fragments tronqués, déplorent avec une résignation correcte, naïve et tranquille, le malheur d'exister : « Ce qu'il y a de mieux pour les hommes, dit Théognis, serait de n'être jamais né, et, une fois qu'ils sont nés, d'avoir quitté le plutôt possible la lumière du soleil. »

Peuple d'action, les Romains échappent un instant à ces rêveries délétères ; un instant, dans leur Cité qui grandit à travers des guerres incessantes et de perpétuelles révolutions, ils représentent la santé du monde. Mais à peine leur règne établi et leur suprématie reconnue, sitôt que les circonstances leur permettent de se replier sur eux-mêmes et de s'examiner à leur tour, on voit fleurir chez eux, comme des moisissures sur un arbre immense et d'aspect sain, ces idées absorbantes, pernicieuses et vraies, qui détruisent les illusions consolantes, qui enseignent à l'homme la souffrance sans cause, les fantaisies insatiables des désirs, le dégoût de tout ce qu'on peut posséder. Leur Lucrèce déjà dépasse ses devanciers, et, pénétrant au cœur des choses, en fait saigner sous son doigt l'éternel ulcère.

Un peu plus tard, parmi les ruines du monde ancien qui s'écroule avec Rome, les Alexandrins et les Pères de l'Eglise, en combattant

pour leurs philosophies opposées, en s'anathé-
matisant au nom de leurs dieux irréconci-
liables, se confondent en une désolation commune : ici, c'est Plotin qui fait dériver le
monde d'un égarement de la Sagesse ; là,
Origène s'émascule comme les prêtres de ces
religions d'Orient dont les étrangetés et les
raffinements corrompus rallient les esprits
éperdus ; saint Jérôme et Philon aspirent avec
autant de puissance à un même anéantissement ; quel esprit fut jamais plus incertain que
celui de saint Augustin ? La foi telle qu'il la
comprend diffère-t-elle du plus complet des
scepticismes ? car déjà « c'est la maladie de
l'âme de ne pouvoir se soulever tout entière »

Des bouleversements se produisent, des
siècles passent. Le moyen âge arrive avec ses
sinistres superstitions : les moines fanatiques
succèdent aux stylites noyés dans des contem-

plations vides. Et pour maudire la vie, ces fidèles, perdus en des rêves paradisiaques, trouvent des ardeurs nouvelles : la même voix dont l'éloquence jette l'Occident sur l'Orient, la voix de Bernard de Clairvaux, accable l'homme des plus fougueux mépris, des plus haineuses invectives que jamais voix ait prononcées. C'est là, semble-t-il, l'écroulement prédit par l'Apocalypse, le crépuscule des dieux dont les ombres se répandent sur la terre. Point. Un air de vie se met tout à coup à souffler du passé, des siècles muets se relèvent et s'imposent, l'humanité à demi rongée se cramponne à des planches vermoulues qui la soutiennent pourtant, la civilisation renaît de ses cendres : Luther trouve une foi nouvelle, formule de consolantes promesses, invente des espérances dont le mensonge paraît moins flagrant ; en même temps, la beauté reparaît dans ses magnificences antiques, un nouveau monde ouvre à la curiosité ses horizons inconnus, le génie refleurit, et ses œuvres invitent la foule des hommes à s'illusionner une fois de plus sur leur puissance.

Et puis, des batailles de la pensée telles qu'il ne s'en était jamais vu ; des bûchers allumés partout ; chaque armée apportant un engin de destruction nouveau. Et pendant deux siècles, c'est un bouleversement continu où disparaissent, comme dans un maëlstrom, les vieilles croyances que rien ne remplace, les institutions usées qui ne se renouvellent pas, toute la défroque de l'humanité, nue désormais contre le vent glacé du doute, contre les pointes aiguës dont les curiosités la harcèlent sans trêve, contre la vermine de l'ennui qui la ronge, contre les lanières du fouet que ses appétits toujours irrassasiés font siffler sur elle.

Enfin, après tant d'efforts, tant de recherches, tant de supplices, tant d'horreur, l'étude
plus minutieuse de l'homme en lui-même
et dans ses rapports avec le monde affirme
brutalement son impuissance et sa misère.
L'analyse de ses illusions l'éclaire sur la vanité de ses jouissances. Celle de sa propre
constitution lui permet d'entrevoir ce que
l'avenir lui réserve : puisque l'augmenta-
tion des connaissances et des besoins qui
constitue le progrès a pour résultat de développer le système nerveux, et par conséquent la sensibilité ; comme le développement de la capacité de jouir ne correspond pas
au développement de la sensibilité ; comme,
au contraire, une fois que la sensibilité a été
portée à un certain degré, les sensations agréa-
bles diminuent et deviennent de plus en plus
fugaces, tandis que les sensations douloureuses

se multiplient et deviennent plus intenses, —
on peut donner à la loi du malheur la précision d'une formule mathématique, on peut
prévoir le temps où l'homme, bête échappée
à son animalité, monstre au cerveau trop
lourd, machine aux ressorts trop tendus, ne
trouvera dans tout ce qui l'entoure, dans ce
monde soumis à ses caprices, dans la splen-
deur des choses, dans les désirs de son cœur,
dans les fantaisies de son esprit, qu'un nombre
croissant de motifs de souffrance.

Il y a donc un accord parfait entre les données de l'expérience, les faits de l'histoire et
les spéculations des plus pessimistes parmi les
penseurs. Comme Caïn marchant ployé sous
sa malédiction, lentement, fatalement, malgré
ses révoltes, en se raidissant à de certaines
périodes pour retomber ensuite affaiblie par
son effort, en retrouvant par moments une

apparence de santé et pareille alors à ces mo-
ribonds qu'un mieux fugitif trompe sur leur
état, inconsciente de ses étapes et du chemin
parcouru, la vue trop courte pour regarder
devant ou derrière elle, l'humanité s'achemine
vers le but où la Destinée la pousse, vers le
malheur définitif, triomphant, universel, absolu. Et tous les remèdes qu'elle applique aux
maux qu'elle se connaît sont des émollients
sans force, qui, trompant leurs inventeurs,
accélèrent la marche du mal organique. Qu'importe un peu plus de bien-être dans la vie de
tous les jours, puisqu'on ne sent pas la privation des biens qu'on ignore ? Qu'importe un
peu plus de justice dans la constitution sociale,
puisque nulle combinaison ne détruira la loi
de la lutte qui engraisse la terre de ses victimes ?... Qu'importe un peu moins d'erreurs
dans la Science, puisque nous restons toujours

loin de la vérité, puisque l'universelle énigme
échappe à notre perception, puisqu'aucun
savoir ne nous délivrera des nécessités de
notre nature ?... La vitesse de nos télégraphes
atteindra-t-elle jamais celle de nos chimères?...
La mobilité de nos désirs ne déjouera-t-elle
pas toujours la multitude de nos découvertes?...
Qu'apprendrons-nous dont nous ne soyons
bientôt las ? Avec plus de bien-être, plus de justice, plus de vérité, plus de savoir, ne restons-
nous pas aussi loin du Bonheur ? Oh ! l'insaisissable fantôme que nous poursuivons à travers de vains rêves !... Et les plus à plaindre
de tous, ce sont à coup sûr ces pauvres dupes
qui attendent d'un Dieu fait à leur image ce
que la nature ne leur a pas donné : car ils
n'ont pas même, ceux-là, la hautaine satisfaction d'arriver jusqu'aux bornes de la connaissance, d'y poser le pied et de contempler le vide.

A la base de tout ce qui raisonne et de tout
ce qui sent, il y a un mensonge, et nous flot-
tons dans un fluide milieu d'incertitudes : la
musique dont je suis ravi fatigue mon voisin ;
nous nous querellons au nom de principes
opposés, et chacun croit sincèrement préfé-
rables ceux auxquels il se rattache ; la même
femme est belle pour celui-ci, déplaisante pour
celui-là ; les faits les plus simples, un accident
dans la rue, une dispute dans un cabaret, ne
sont jamais relatés de la même manière par
des témoins désintéressés. Si les faits qui se
produisent autour de nous nous inquiètent,
nous sommes plus tourmentés encore par
l'éternelle duperie des choses du cœur : diffi-
cilement sûrs d'être aimés, nous sommes
moins sûrs encore d'aimer : car la satiété suit
de trop près la possession, — ou la précède,
pour peu que nous ne soyons pas dépourvus

d'imagination ou d'expérience. Autant que notre cœur, notre esprit est rongé par le doute : nous ignorons s'il existe un être au-dessus de nous, mais nous savons que, s'il existe, nous ne pouvons le percevoir ; nous ignorons si cet être hypothétique a quelque action sur notre vie, mais nous savons que, s'il s'est manifesté à nous, il s'est plu à nous tromper : car il n'y a pas deux religions qui soient les mêmes, et ce qu'on nomme la *Loi morale* varie à l'infini, qualifiant aujourd'hui de crimes les actes que le passé recommandait comme vertueux, sanctifiant le lendemain les abominations de la veille. Impuissants à résoudre ce premier problème, notre intelligence se brise contre une autre question, grosse de plus d'angoisses, celle de l'âme et de sa durée. De son côté, la nature que nous épelons nous trompe aussi, et de toutes ses ruses : les calices de ses plus belles fleurs renferment de dangereux poisons; elle nous cache ses plus précieux trésors, et ne nous les révèle que pour nous inciter à des rivalités funestes; elle se plaît à mettre des âmes mauvaises dans des corps radieux; elle soumet notre être à des besoins tyranniques qui, sous une apparence de plaisir, cachent des maux irrémédiables, et nous forcent, malgré les révoltes de notre raison, à repeupler cette terre maudite à mesure que la Mort la dévaste. Comme si la conscience de tant d'incertitudes ne suffisait pas à nous tourmenter, nous sommes encore victimes de toutes les insuffisances de notre nature : nous ne pouvons demander à notre cerveau le travail nécessaire à la satisfaction de nos curiosités sans qu'il en résulte un affaiblissement de nos organes avec la folie au bout; nous ne pouvons manger à notre appétit ou boire à notre

soif sans être assaillis par la goutte, la gra-
velle, la dyspepsie, l'obésité, la cirrhose, etc. ;
nos passions aboutissent souvent à ces hideuses
maladies qui nous décomposent le sang, nous
rongent d'ulcères ou nous vident la moelle.
Même en vivant dans la modération, en répri-
mant nos curiosités, nos appétits et nos besoins, nous ne pouvons éviter les exhalaisons
malsaines de la terre, les miasmes qui flottent
dans l'air, les milliards d'animalcules qui nous
guettent, la variole, le typhus, le choléra, les
fièvres : en sorte qu'au lieu de nous éteindre
lentement dans une mort douce et facile,
comme les vieux arbres dont la sève se retire
peu à peu, nous sommes emportés hâtivement,
au milieu d'effroyables luttes où notre instinct
proteste, dans des souffrances telles qu'il nous
faut nous tordre et crier, par des maladies
qui souvent éloignent de nous jusqu'à nos

plus intimes. Et une loi plus inexorable que la menace du Décalogue rend les fils héritiers des faiblesses de leurs pères, de leurs névroses, de leurs vices, qui se transforment à l'infini, s'effacent, reparaissent, s'aggravent, empoisonnent des familles innocentes, procréent des générations de crétins, de phtisiques, de rachitiques, de scrofuleux, d'ivrognes et d'assassins. Enfin notre intelligence, en nous mettant en lutte contre la nature, en poursuivant notre émancipation, nous a créé de nouvelles chaînes. Au lieu de nous délivrer de l'oppression des choses, elle nous a placés sous la tyrannie d'abstractions plus funestes encore que les lois naturelles, plus meurtrières que les épidémies : nous avons imaginé des Patries qui favorisent l'antagonisme des races et provoquent d'incessantes guerres ; des Principes pour lesquels des milliers d'hommes se sont fait tuer ou estropier, ou sont morts dans la misère, sur l'échafaud, dans l'exil ou dans des cachots; des Religions qui ont inventé des tortures et poussé au meurtre des armées de bourreaux fanatisés. Nous avons écouté les sanguinaires exhortations de Mahomet, de Pierre L'Ermite, de Calvin; nous avons tremblé de terreur devant les fantômes de notre propre imagination; nous nous sommes passionnés pour de fallacieuses vérités que nous croyions avoir forgées avec la masse de nos erreurs; nous nous sommes enserrés dans un réseau de lois déraisonnables où nous étouffons... Tel est notre bilan.

Et devant ce lamentable spectacle, soldats eux-mêmes dans cette guerre universelle où tous les combattants sont vaincus, certains philosophes recherchent l'origine du Mal!... Ils ne voient pas que le mal est l'attribut de l'existence, et que le Bien n'est qu'un mode de notre pensée, comme l'espace et comme le temps. Le Mal nous entoure et nous pénètre, nous forme une atmosphère hors de laquelle nous ne saurions vivre. Le Mal [1] est à la fois dans le principe même de la vie, la lutte, qui nous met sans cesse aux prises avec toute la nature; et dans les exigences de nos passions et de nos instincts, c'est-à-dire dans nos propres cœurs; nous ne saurions donc lui échapper, puisqu'il est en nous-mêmes comme hors de nous. Le Bien est un palliatif de notre invention : arrivée à la conscience de sa misère, l'humanité a senti le besoin de s'en dégager ; alors, elle a pris pour autant de réalités ses conceptions d'une vie dont les conditions ne

[1] J'entendrai par Bien tout ce qui est pour nous un moyen certain d'approcher de plus en plus du modèle que nous nous formons de la nature humaine ; par Mal, au contraire, ce qui nous empêche de l'atteindre (Spinoza).

seraient point celles de la sienne, et, de tout
son effort, méconnaissant l'indifférence de ses
actes, la duperie de ses aspirations, l'inutilité
de son œuvre séculaire, elle a tendu vers ce
but idéal, à jamais inaccessible et qu'elle poursuit obstinément, — comme des matelots perdus sans boussole dans les mers d'un autre
hémisphère qui demanderaient leur route à
des constellations inconnues. Ainsi, l'affirma-
tion qui justifie ses efforts et lui donne sa raison d'être est un leurre, elle n'a pour son
levier qu'un illusoire point d'appui...

Et moi qui raisonne, sais-je où mon cœur
me mène?...

XXV

Oh ! cette souffrance sans nom qui me tient éveillé presque chaque nuit, qui évoque mes angoisses passées et les ameute contre moi, — et à laquelle il n'y a pas de remède !...

Une lourde barre me traverse le corps. Elle est affreusement froide, elle me glace et m'étouffe, et je sens que nul effort ne pourrait m'en délivrer. Puis, lentement, sans que son poids diminue, elle se déplace, elle se dresse peu à peu, elle finit par me remplir tout entier, de la gorge aux entrailles. Alors, sous l'oppression de cette pesanteur immatérielle, je

halète, mon front est moite, des frissons de
fièvre me secouent, de vagues images de
terreur se multiplient autour de moi. Je connais le remords et la peur, je cherche quelle
expiation d'un crime que j'aurais inconsciemment commis peut ainsi m'entourer de fantômes ; je pense aux malheurs à venir, à d'effroyables catastrophes qui m'entraîneraient,
moi et tout ce que j'aime, au fond d'abîmes
invisibles. Des idées folles tournent comme
des vrilles dans mon cerveau qu'elles vident :
c'est une phrase dépourvue de sens qui me
revient d'instant en instant, comme une goutte
d'eau tombant sans cesse sur un crâne nu ;
ce sont des hallucinations qui m'emportent au
pays de l'opium, bien d'autres tyrannies dont
je suis l'esclave. Souvent aussi, c'est elle, —
dans les robes qu'elle porte d'habitude, avec
ses lourds cheveux et son sourire, avec

sa voix, avec tout son être qui m'échappe dans le rêve aussi bien que dans la réalité... Et j'entends une horloge sonner les quarts d'heure, et je vois filtrer à travers mes rideaux le jour gris des matins d'avril...

Ensuite, les fatigues du lendemain, l'horreur du travail, l'effroi de la solitude, la haine de moi-même !...

XXVI

Paris, 3 avril.

Ce que j'observe autour de moi et ce que j'éprouve, jusqu'à mes sentiments les plus profonds que, par la fatalité de mon esprit, j'analyse et je classe, me raffermit dans ma théorie de la vie et me montre, à la base de tout, ressort suprême, moteur dernier, le Mal : le Mal, qui se manifeste dans les différents domaines sous des formes différentes, mais qui partout demeure le *principe positif*, celui contre lequel s'insurgent en vain certaines prédispositions inconscientes de notre nature, notre activité, tous nos efforts.

Ainsi, l'amour n'existe point entre les sexes par des raisons primordiales et nécessaires : au contraire, les sexes sont ennemis de nature ; ils se haïssent instinctivement pour le mal réciproque qu'ils se causent, et cette haine, déposée en eux comme un germe fécond par le principe mauvais, se développe dans tous leurs rapports, même à travers leurs caresses. A l'état primitif, le mâle impose sa force : si la femelle se refuse, il la viole. Dans notre société, où la ruse a remplacé la force, la ruse est l'arme que l'homme emploie contre la femme que toute son activité séductrice s'efforce de tromper : pour la posséder, il rampe à ses pieds avec des supplications d'esclave, il flatte ses caprices, aiguise ses convoitises, il affecte une fausse sympathie, il s'applique à faire naître en elle, sans sincérité, des sentiments comme l'admiration ou la pitié,

qui favorisent son succès. Du haut au bas de
l'échelle sociale, il répète la même comédie,
et selon le plus ou moins d'habileté avec
laquelle il l'exécute, il est réputé aimable ou
ridicule, homme du monde ou lourdaud. Puis,
une fois qu'il est arrivé « au but », dès que la
femme s'est livrée, après une trève de quelques jours, de quelques semaines s'il est
délicat, l'homme jette le masque, devient
brutal, traite celle que la veille il jurait d'a-
dorer comme un vulgaire instrument de
plaisir, la sacrifie à toutes les autres charges
de la vie : chez les paysans, c'est la femme
qui porte les plus lourds fardeaux ; dans la
classe riche, où les besoins sont plus compli-
qués, où il s'agit de bien autre chose que de
plier le dos sous le soleil, la femme est un
outil : on l'épouse pour la fortune qu'elle pos-
sède ou pour celle qu'elle semble promettre,

ou pour ses relations ; ensuite, s'il y a lieu, on se sert d'elle pour « faire son chemin ».

La femme est facilement victime de ce manège, qui se répète sous des formes variées et réussit toujours ; même, elle préfère d'habitudes les hommes qui la trompent le mieux, elle se plaît aux flatteries qu'elle sait menteuses et, pour sauvegarder au moins l'apparence de sa dignité, feint volontiers d'ignorer le but des égards hypocrites dont elle est l'objet. Mais, en jouant son rôle d'esclave avec des airs de reine, elle se défend et se venge. Aux ruses de l'homme elle oppose ses ruses : qu'elle résiste ou qu'elle se livre, parfois en montant jusque dans les ivresse de l'abandon, elle sait exiger des services qui réalisent pour un instant sa fictive royauté. Elle se plaît aussi à provoquer de torturantes jalousies ; elle se joue de ceux dont elle a su attiser les désirs ; avec ses sourires

et ses regards, elle tisse des trames où se prennent les cœurs qu'elle tenaille alors aux endroits les plus sensibles. Et sa justice arbi-
traire exerce au hasard ses douloureuses
représailles : le plus souvent, les innocents
payent pour les coupables, les faibles et les
vaincus expient les cruautés des vainqueurs et
des forts.

Et il n'y a rien d'artificiel dans ce double
jeu : il est tout instinctif, il est l'état normal,
la « lutte pour l'amour », aussi universelle et
aussi barbare que la « lutte pour la vie », mais
combien plus féconde en tragiques douleurs !

L'amour réciproque, quand il vient verser
ses ivresses sur les blessures de ces batailles,
est donc un simple remède, insuffisant comme
tous les contre-poisons : il est le remède de la
haine, comme la quinine est le remède de la
fièvre ; il est ce qu'est l'abondance, — état ar-

tificiel auquel le plus petit nombre arrive, avec bien des peines et malgré bien des obstacles, — à la privation, — état naturel de l'homme jeté dans l'universelle concurrence.

Plus nous avançons, d'ailleurs, plus l'amour devient rare : les remèdes s'usent à force de servir. De plus en plus, la méfiance sépare l'homme et la femme, qui commencent à soupçonner leur inimitié native. Après des siècles de guerre, chacun conserve ses positions, et entend les défendre. L'homme est arrivé à créer un état social où la femme est, en apparence, définitivement sacrifiée : en effet, tandis que nous ne lui laissons que des moyens d'existence limités et insuffisants, notre industrie va raffinant ses besoins et les multipliant. Entourée d'un cercle de convoitises, marchant le long de rues toutes bordées d'objets tentateurs, et à peu près impuissante à pouvoir rien

acquérir par son travail, elle est forcée de re-
courir à l'homme, qui, le cœur gonflé de
désirs jamais satisfaits, jouit peu de son
triomphe. Et voilà qu'entre elle et lui un
commerce compliqué s'établit : d'une part,
l'homme promet les fruits de son travail ; la
femme, de son côté, offre ses caresses et ses
charmes ; et, pareils à des négociants malhon-
nêtes, tous deux cherchent à se tromper.
Qu'elle prenne un amant ou un mari, la femme
vise les meilleures conditions possibles, dût-
elle surfaire ou falsifier sa marchandise.
L'homme, dupé souvent, se tient sur ses
gardes : la prudence lui recommande de payer
le moins cher possible l'amour qu'il lui faut,
et, quand il le peut, il prend ses garanties : la
dot. L'antagonisme des intérêts s'est donc
ajouté à l'antagonisme naturel, ou plutôt l'antagonisme naturel s'est développé selon ses

lois particulières, et le champ de bataille s'est élargi... A force de s'observer dans leurs manœuvres réciproques, l'homme et la femme finissent par trop bien se connaître pour pouvoir s'oublier dans l'amour; et l'amour ne sera bientôt plus qu'un marché de plaisir vulgaire, qu'une universelle et monstrueuse prostitution.

En appliquant la même analyse dans d'autres domaines, on aboutit à des résultats analogues.

Ainsi, la Beauté n'est pas le correctif de la Laideur : elle n'est qu'un mode attribué par nous aux choses exceptionnelles, qui se distinguent des autres par un ensemble de qualités que nous voyons rarement réunies. Plus l'intelligence est développée, plus elle exige que l'exception soit rare, en sorte qu'elle arrive à une conception de plus en plus circonscrite et exclusive de la Beauté.

De même, le Bien moral est une pure conception de notre esprit : nous en avons peu à peu dressé le code en choisissant entre plusieurs alternatives celle qui nous paraissait la plus apte à nous protéger contre des chocs douloureux, ou bien, nos instincts étant donnés, la plus difficile à réaliser. Le sens esthétique et l'intérêt se sont donc partagé ce que nons appelons la loi morale. Primitivement, cette loi ne reposait que sur des besoins d'hygiène et sur la nécessité de favoriser le groupement des familles en sociétés constituées. Plus tard, les besoins se compliquant, elle est devenue plus exigeante : c'est que la conscience s'est formée, — la conscience qui a sa raison d'être dans l'obligation où l'homme s'est trouvé d'accepter pour diriger sa conduite des données générales et abstraites plus ou moins en dehors du cercle de son expérience, la conscience qui n'existait évidemment pas plus chez l'homme primitif qu'elle n'existe chez l'enfant, et même moins, puisque la constitution intellectuelle de l'enfant dépend aussi de celle de ses géniteurs. Or, la conscience, comme l'imagination, s'est créé un idéal dont elle a voulu codifier les incertitudes, et c'est elle qui a ajouté aux préceptes utilitaires ou lois primitives ces préceptes dont l'application est moins utile, et par cela même plus difficile et plus rare, des préceptes d'une qualité en quelque sorte esthétique : ainsi, elle en est arrivée à proscrire le mensonge, alors que les douze Tables interdisaient seulement le faux témoignage contre le prochain, à poursuivre la fornication au lieu de l'adultère, etc.

Le Vrai ne saurait être soumis à une critique aussi positive, étant par lui-même une notion trop fluide. L'accord unanime admet que le vrai absolu nous échappe, que nous ignorons de la façon la plus complète s'il existe ou non, et que nous ne soupçonnons même pas quelle pourrait être sa nature : tellement, qu'après s'être cassé la tête à le poursuivre à travers plusieurs civilisations, les philosophes ont fini par reconnaître leur impuissance et par l'exclure de leur programme : on méprise la métaphysique. Or, le vrai relatif, par le fait même de sa relativité, n'est plus qu'une forme de l'erreur, une forme que notre intelligence préfère aux autres et qui, dans les ténèbres où nous nous débattons, nous apparaît comme un coin d'obscurité moins sombre, comme une mobile phosphorescence éteinte aussitôt.

En résumé, le Mal se manifeste en nous et autour de nous par l'Erreur, le Laid, le Mal moral, la Haine, qui constituent en quelque sorte notre atmosphère intellectuelle et sensationnelle. Pour échapper à leur obsession, ou, selon quelques-uns, guidés par des lueurs vagues ou de mystérieuses révélations, nous avons imaginé le Vrai, le Beau, le Bien moral, l'Amour, et rattaché ces abstractions, qui sont devenues des modes de notre intelligence, à une abstraction plus haute, unique et mal définie dont nous avons fait, à contre-sens, le Principe premier, que même nous avons baptisée : Dieu, ou Rien, ou le Grand Tout. Nous nous croyons surtout, même les plus sceptiques, destinés à aimer, à pratiquer le Bien, à connaître le Vrai, à jouir de la Beauté ; nous nous dirigeons de tout notre effort vers ce quadruple idéal comme vers un port assuré, et notre marche est aveugle, et le port est un mirage où nous n'aborderons jamais.

XXVII

... Je l'ai vue hier. Nous avons causé longuement, aux approches du soir, sur le balcon, dans l'air depuis quelques jours tiède. Une foule passait, revenant du Bois.

Nous avons causé de la Mort : elle ne la redoute pas ; mais est-elle jamais descendue au fond de cette terrible pensée de la destruction du Moi ? A-t-elle compté la somme de négations que représente ce mot : la Mort, sans frissonner chaque fois. Sait-elle que c'est le monde qui s'effondre avec l'individu, que tous nos rêves finissent avec nous, qu'il ne reste rien de tout ce qui nous entoure lorsque nous ne sommes plus là pour toucher et pour voir ?

Nous avons aussi causé de sa vie... Le soir, en la quittant, j'ai suivi la route accoutumée, la longue ligne des quais silencieux. Elle s'effaçait de mon souvenir comme si nous eussions été séparés depuis bien longtemps, et j'étais repris par les pensées qui me poursuivent...

XXVIII

Paris, 5 avril.

Un problème se pose.

Dans la concurrence entre le Mal et le Bien — le premier étant la condition même de l'existence et le second un produit de notre esprit — est-il possible que nous parvenions, par l'effort de toute notre activité, à augmenter la proportion du Bien et à atténuer les effets du Mal? En d'autres termes, nous est-il possible d'arriver à une telle puissance sur nous-mêmes et sur notre milieu, que nous nous fassions une seconde nature, dégagée des influences anciennes?

Toute tentative de résoudre un tel problème serait de pure folie, puisque la seule loi qui puisse un peu nous éclairer sur notre destinée, la loi de l'évolution, laisse la carrière ouverte à toutes les hypothèses. Toutefois, on peut noter que la civilisation actuelle, en créant des besoins nouveaux et de nouvelles obligations, nous pousse dans le sens le plus opposé à cette heureuse solution. Notre idéal devient plus complexe, et par conséquent plus insaisissable. Nous avons vu comment l'amour tend à disparaître : de même, notre notion de la Beauté va se diversifiant et se perdant à travers les incertitudes des esthétiques, ou s'altère en se mélangeant à des éléments étrangers : n'avons-nous pas des *genres de beauté*, qui se trouvent parfois en contradiction flagrante les uns avec les autres, une *beauté morale* et une *beauté sentimentale*, une *beauté maladive* et une *beauté saine*, et même une *beauté perverse?* La réunion de ces beautés en un type unique est impossible, et le fait que nous sommes parvenus à extraire une beauté de la maladie et de la perversité montre combien nous nous plaisons à raffiner nos abstractions, combien nous nous éloignons d'une route facile au bout de laquelle apparaît un but déterminé et réalisable. De même encore pour le Bien moral : saint Paul remarque fort justement que, sans la Loi, le « Péché », c'est-à-dire la faute qui nous cause, à nous ou autres, un dommage réel, ou qui choque un désidératum de notre conscience, le « Péché » n'existerait pas : or, la multiplicité des exigences sociales et le simple développement de la conscience suffisent à compliquer la Loi.

La meilleure chance de salut de l'humanité serait peut-être un bouleversement pareil à l'invasion des barbares, qui mêlerait un sang vigoureux au sang appauvri des peuples épuisés, et qui, faisant table rase de nos notions reçues, de nos idées acquises, de nos conceptions devenues banales, nous replacerait à notre point de départ, avec seulement un cerveau plus capable de connaissance, permettant ainsi à une autre civilisation de poser ses bases sur les ruines de la nôtre et de se développer dans un sens nouveau. Mais d'où et de qui attendre ce remède héroïque? Nous connaissons à peu près toute la terre, et parmi les races qui la peuplent, les unes sont inférieures, les autres, sans avoir encore joué leur rôle dans la phase actuelle de la civilisation, semblent usées déjà, comme si une vie antérieure, et que nous ignorons, les eût longuement mûries pour la corruption. D'ailleurs, s'il existe encore quelque part une race primitive et saine, elle ne pourrait rien contre nous : ses forces vives se briseraient contre notre puissance acquise, notre faiblesse trop ingénieuse triompherait sans peine de sa vigueur inexpérimentée. La destinée de notre société, de notre civilisation, de nos races, est donc comparable à celle de ces édifices trop hauts, d'une architecture trop compliquée, qui s'écroulent d'un côté pendant qu'on les répare de l'autre, que l'habileté de plusieurs générations d'architectes parvient à maintenir debout, mais qui finiront pourtant bien par tomber en poussière.

XXIX

Rien de plus insuffisant, de plus nuisible,
que les efforts des socialistes, des humanitaires, des réformateurs de toutes sortes dont
le nombre en ce siècle est si grand. Je n'entends point examiner l'une après l'autre les
théories des Cabet, des Fourier, des Owen,
des Saint-Simon et de leurs successeurs. Aussi
bien ont-elles toutes les mêmes défauts, et
méconnaissent-elles également la nature do
l'humanité et les lois qui régissent la destinée
de l'homme. Leur but est commun : c'est la
justice dans l'abondance, et leur notion de la

justice se ramène, en dernière analyse, au désidératum d'une plus grande richesse sociale
plus équitablement répartie. Leurs moyens,
qu'ils préconisent ou repoussent la violence,
comportent toujours le double sacrifice de
l'individu à l'ensemble et du plus petit nombre
au plus grand.

Il est à peine nécessaire d'insister sur ce
qu'il y a de contradictoire dans cette conception
du sacrifice de l'individu à l'ensemble : comment le bonheur collectif pourrait-il résulter
de l'abandon nécessairement douloureux que
ferait chacun de sa personnalité, de ses goûts
et de ses idées ? Quant au sacrifice complet
du plus petit nombre au plus grand, qui est
d'ailleurs le principe fondamental de toute démocratie, et que notre siècle pratique sans réserve, il trouve peut-être sa justification dans
un certain idéal de justice, plus ou moins

étroit, plus ou moins grossier, le seul que nous puissions concevoir; mais il nous pousse vers un état de platitude universelle. Dans un organisme intelligent, le développement de tous les organes a pour objet le développement du cerveau; dans l'organisme social rêvé par les socialistes, le cerveau est sacrifié aux membres inférieurs. L'amélioration « physique, intellectuelle et morale de la classe la plus nombreuse » est un résultat logique et inévitable de la marche en avant de l'élite de l'humanité. C'est donc cette élite qu'il faut s'appliquer à développer; la classe « la plus nombreuse » suit d'elle-même. Par malheur, la démocratie ne raisonne pas ainsi: et c'est elle-même qui s'est écriée un jour, par la bouche d'un de ses plus obscurs représentants: « L'État n'a pas besoin de chimistes ! »

Passons. Supposons plutôt que les « ré-
formes » des utopistes sont toutes accom-
plies : quel spectacle nous offre alors cette
societé « idéale », où la classe la plus nombreuse jouit de tous les bienfaits d'une civilisation savante, où l'industrie a fait de la terre
un vaste promenoir dont les richesses sont à
portée de toutes les mains, où l'administration
merveilleusement sage qui a succédé à nos
gouvernements intéressés et querelleurs n'a
plus qu'à surveiller la répartition équitable
entre les individus des trésors acquis sans
peine par l'ensemble. Est-on plus heureux,
dans cette Icarie ?...

... L'individu ne s'aperçoit même pas du
bien-être général : le règne de la justice et de
l'abondance, amené pas les efforts, par les
luttes, par les dévouements des générations
précédentes, lui semble l'état naturel, la con-

dition logique de la vie humaine. Comme aujourd'hui l'homme né et élevé dans l'opulence, il jouit sans plaisir des objets de nos convoitises actuelles, et d'autres que nous ne convoitons pas encore, que nous ne soupçonnons même pas. Il n'est pas opprimé par les exigences de nos lois, par les privations auxquelles notre impuissance nous condamne : son âme est délivrée de toute terreur superstitieuse ; sa conscience, de toute obligation inutile ; l'Etat n'est plus pour lui un pouvoir ennemi qui lui prend son temps, son argent et au besoin sa vie, mais une administration protectrice qui lui facilite ses relations avec ses semblables. L'industrie s'est tellement développée, on a poussé si loin l'application des sciences, le commerce a facilité tant de miraculeuses transactions et mis à notre portée tant de ressources nouvelles, notre génie a si bien vaincu l'espace et asservi le mouvement, que la terre n'est plus qu'un vaste jardin de plaisance dont les recoins les plus cachés et les plus splendides nous sont ouverts; nos chemins de fer sont traités comme nous traitons les pataches de nos aïeux; des vaisseaux dont nos meilleurs steamers sont à peine un modèle primitif et gauche traversent en vainqueurs les océans; de merveilleuses machines s'élèvent à notre ordre à travers les airs, pareilles à d'énormes oiseaux bienfaisants. Les animaux nuisibles sont détruits: ceux-là seuls subsistent qui ont accepté le joug de l'homme ou qui lui rendent inconsciemment des services indispensables. Des plantes vénéneuses, il ne reste que celles dont la médecine se sert pour paralyser la douleur et prolonger l'existence. Toutes les espèces nous appartiennent et sont façonnées au gré de notre désir: et nous ne nous sommes pas bornés à détruire les vipères et les ronces, nous avons créé des types nouveaux dans chaque race animale, des fleurs nouvelles dans chaque famille de plantes. C'est une autre création qui s'est lentement accomplie par nos soins, mille fois plus parfaite que la première. Enfin, l'antique Eden est retrouvé, mais un Eden dont les limites sont celles du globe, un Eden où l'Homme est le maître souverain, un Eden sans fruits défendus, sans ignorance, sans tentateur, sans Dieu !...

... L'Homme a rempli sa fonction ou réalisé son programme : il a vaincu et il domine cette nature au milieu de laquelle il était arrivé chétif et nu et dont il suce la sève éternelle comme un vampire irrassasié ; le long duel est fini, maintenant, les choses lui sont définitivement asservies ; son monstreux égoïsme a tout absorbé et absorbe tout : rien de ce que la terre a produit ne lui a échappé, rien de ce qu'elle produit encore au jour le jour ne lui échappera. Il s'est enfin créé à lui-même son Dieu suprême, il a terrassé jusqu'à la maladie, jusqu'à la mort qui ne vient plus hâtivement, avec son cortège d'effrois et de déchirements, mais qui arrive à son heure, comme un hôte attendu, quand l'usure des organes lui livre son travail à point. Oui, l'Homme est cette fois le vrai Tout-Puissant, et nul obstacle extérieur ne le gêne plus... Mais quelles étranges floraisons d'idées peuvent éclore dans son cerveau où viennent, comme en un prisme, se condenser toutes les connaissances ? Quels dégoûts plus écœurants, plus amers que la satiété même, lui font remonter aux lèvres la longue possession dont il est gavé ? Quels besoins agitent de frissons inconnus son organisme épuisé par l'hérédité des batailles et des douleurs passées ? A la poursuite de quels insaisissables désirs le jette son imagination qui touche aux bornes de l'impossible ? Quelles chansons désespérées lui chante son cœur, le vieux cœur de sa race, ce cœur éternellement agité qu'aucune science ne fera taire? Le monde lui appartient, et le monde le dégoûte, et son désir est plus grand. Il a tout et il veut avoir davantage, ou se délivrer de quelque chose qui pèse sur lui et qu'il n'a pu détruire, et il tâtonne désespérément parmi des ténèbres faites de toutes ses lumières. Dans sa longue marche à travers le temps, il n a découvert aucun remède qui détruise en lui l'abominable sentiment de son existence; il a trouvé tous les secrets, mais pas celui de s'oublier. A présent, le voilà au bout de sa route, il étend

les bras, et rien encore, rien que la Mort, la
vieille consolatrice de ses ancêtres ignorants
et misérables, la Mort qui le rend enfin aux
deux éléments dont la combinaison faisait son
être : la poussière et l'inconscience...

... Et maintemant, socialistes, réformateurs, humanitaires, utopistes, pacifiques ou
violents, bourreaux ou victimes, incendiaires
ou philosophes, labourez vos cerveaux pour
en faire sortir de nouvelles théories du bonheur, réalisez la justice, poursuivez l'abondance, assassinez ou légiférez, soyez vainqueurs ou soyez vaincus, pérorez dans des
tavernes ou gémissez dans des pays d'exil,
triomphez dans des assemblées ou balancez à
des gibets vos cadavres de condamnés : vos
efforts sont bénis, vous travaillez pour quelque
chose et vous ne mourez pas pour rien !

XXX

Paris, 8 avril.

Si le moindre doute subsistait sur l'état actuel des esprits, sur les troubles des facultés, sur les déplacements et le dévoiement des sensations, il suffirait pour le dissiper d'analyser notre production artistique et littéraire et de rechercher comment sentent et pensent aujourd'hui les littérateurs et les artistes.

L'artiste ou l'écrivain — à moins qu'il ne soit, comme c'est trop souvent le cas, un vulgaire entrepreneur à l'américaine, — est un être nerveux, corrompu, le plus souvent ravagé par la névrose ou par l'anémie. Rarement à l'abri des misères de l'existence, il en subit plus douloureusement que d'autres les tracas et les dégoûts. S'il ne se laisse pas broyer par l'engrenage de la production facile, la haine que lui inspirent les goûts du public illettré le conduit à s'isoler de plus en plus, et son idéal s'en ressent : fiévreusement, il se jette sur les anomalies de l'existence qu'il prend pour autant de vérités générales ; ou bien il prête aux choses, avec une obstination pleine de bonne foi, la couleur spéciale que la conformation particulière de son œil lui montre dominant partout. Arrivé à ce point où la sensation, de quelque nature qu'elle soit, est rare, il la recherche à travers des excitations factices, dans des états artificiels qu'il a lui-même inventés. L'inconscience, qui seule fait la souveraineté du génie, n'est plus pour rien dans son travail : il est guidé et tyrannisé par sa volonté, et par une volonté souvent affaiblie, énervée, malade, toujours capricieuse, incapable de suivre une ligne droite. Il n'a plus la vision intérieure d'une perfection morale ou plastique : son but unique devient l'*expression*, et l'expression de sa manière de sentir, manifestée dans les choses, quelque contrariante qu'elle puisse être de la nature ou de la notion générale de la beauté.

Aussi, le seul art qui se soit vraiment développé, au courant du siècle, c'est l'art expressif par excellence, la musique. L'architecture n'est plus qu'utilitaire. La sculpture et la peinture — je fais une exception pour les préraphaélites anglais qui, à force d'intelligence et de patience, sont parvenus à constituer un art original — sont tombées dans le plus odieux mercantilisme. Dans les lettres, après de factices renaissances, après d'énormes dépenses de talent et des tentatives parfois grandioses, il ne reste guère debout que le roman : c'est-à-dire un genre presque historique, qui s'éloigne de plus en plus de la littérature d'imagination et vise à répondre à d'autres besoins de l'esprit. Tout le vrai génie s'est reporté sur la musique, que Hegel appelait déjà l'*art subjectif*, le seul qui puisse rendre les nuances infiniment complexes du sentiment intime. C'est à notre musique que l'historien qui voudra analyser l'âme de notre époque devra demander nos secrets : et peut-être ne la comprendra-t-il plus... Seul, le langage mystérieux des sons peut exprimer la multiplicité des impressions extérieures qui mettent nos cordes sensibles en perpétuel mouvement ; seul aussi il peut traduire ce qui se passe dans les profondeurs les plus intimes de notre être ; seul encore il peut nous arracher à nous-mêmes et aux obsessions des choses, imposer silence aux mille voix discordantes qui viennent de partout nous troubler; seul il peut nous bercer dans un oubli pareil au sommeil magnétique, dans un apaisement de l'âme et des sens que traversent pourtant, comme des éclats d'aurore ou des visions paradisiaques, de splendides idées inexprimées.

XXXI

J'ai vécu presque heureux, pendant un
temps, enfoncé dans mes lectures et dans mes
réflexions, trouvant un plaisir singulier à *m'é-
riger en système*. Mes sentiments s'atténuaient
en passant par cette discipline ; et, plus tranquille, je me laissais aller au train ordinaire
de la vie. Envahi peu à peu par une sorte
d'indifférence , j'ai accompli sans trop vive
douleur le sacrifice que je m'étais proposé :
j'ai renoncé à voir Cécile, — comme on re-
nonce à une habitude pernicieuse , à une
liqueur qui fait mal. D'abord, ma pensée la

rejoignait sans cesse, et cette illusion me suffisait ; puis, j'ai presque cessé de penser à elle,
autrement qu'à un bonheur entrevu et passé
dont on caresse le souvenir avec une tranquille
résignation. Oui, les idées que je remuais
m'étaient un bienfaisant repos, et pendant
deux mois, j'ai joui d'un calme enveloppant...
Et voilà que ce calme se change en une lassitude qui pèse sur mon esprit d'un poids matériel. Je me débats dans les idées où je me
trouvais à l'aise, je les sens en moi et autour
de moi comme autant de réalités malignes qui
me meurtrissent de coups agiles, m'aiguil-
lonnent de piqûres empoisonnées, appliquent
sur ma chair de lancinantes pointes de feu et
des milliers de ventouses dont la succion me
vide les veines...

Mon cerveau est plein de livres : ils sont là-
dedans, reliés en veau, en parchemin, en ba-

sane, en maroquin, ou brochés dans leur couverture jaune ou verte, vieux bouquins arrachés à la poussière des bibliothèques, volumes parcourus par hasard ou lus par nécessité, fausses nouveautés, vieilleries retapées, immortels chefs-d'œuvre, balivernes, — des centaines, des milliers, je ne sais pas, je ne me figure pas leur nombre — qui hurlent leurs idées contradictoires, leurs inconciliables théories, leurs sentiments disparates. J'entends les sonorités des lamentos remantiques, et en même temps de lourds alexandrins coupés au milieu traînent leurs tronçons à travers mes lobes, en faisant le vide autour d'eux. Des théologiens, des théosophes, des philosophes, des sophistes et des rhéteurs m'étourdissent du fracas de leurs doctrines entre-choquées, et leurs grands mots — spiritualisme, positivisme, idéalisme, déisme, matérialisme,

tant d'autres plus longs et plus creux — se
confondent en une plainte unique, en un bruit
de vent soufflant dans un gouffre sans fond.
Voilà que des voix discordantes commencent
toutes à la fois des histoires interminables,
évoquant à l'envi des races éteintes, des civilisations mortes, des architectures en poussière.
De vieux os, qu'on agite comme des tamtams,
chantent en s'entre-choquant la rhapsodie incertaine des transformations du globe. En courant à travers l'espace, les astres font un bruit
régulier que répercutent les astronomes. Et
d'autres bruits encore, que dominent tous les
cris des réformateurs, des charlatans de féli-
cités, des inventeurs de religions et de morales, qui prêchent la guerre ou la paix,
l'amour ou le désordre, la vie éternelle ou la
réorganisation du monde, et qui jettent en une
dernière mêlée, en un fracas suprême sifflant

dans le tapage universel comme un air de
fifres sur un fond de tambour, les passions
contre les passions, les intérêts contre les
intérêts, les nations contre les nations et les
races contre les races...

Et j'aspire au silence, j'aspire à ne plus
penser, à ne rien savoir! Oh! qui fera taire
les livres, ces porte-voix où l'humanité a crié
tous ses désirs, a chanté tous ses rêves, a
pleuré toutes ses douleurs; ces photophones
qui conservent les notes aiguës des générations passées et nous les rejettent pour nous
étourdir du bruissement éternel de nos impuissances et de nos erreurs!... Oh! vivre dans
l'ignorance ou dans l'oubli de tout cela! Pouvoir fermer les yeux et ne rien voir, s'endormir et ne rien entendre! Dédaigner les ritour-
nelles du passé et les mélopées de l'avenir!
Mener doucement la paisible existence végé-

tative dans un coin perdu de la terre, en ayant auprès de soi une créature naïve, qui ne saurait rien, qui aimerait et qu'on pourrait aimer !... Laisser passer bien loin les flots des passions, des intérêts, des curiosités, des convoitises, ces flots amers qui n'apaiseront jamais notre soif, ces flots qui roulent tant de lugubres épaves !... Enfin, pouvoir s'écrier, à l'inverse du poète : « Ce qui est humain m'est étranger, j'ai su me délivrer des tyrannies de ma condition, j'ai su briser le joug qui courbe ma race, je suis heureux dans une inconscience proche de la Mort !... »

... Mais non, je cherche, je songe, je crois, je doute, je vis, comme si hier ne m'avait pas trompé sans cesse, comme si demain devait m'apporter quelque chose !...

XXXII

...Il y a **eu** des René, des Werther, des Lara :
égoïstes qui ne songeaient qu'à leurs pauvres
passions personnelles, orgueilleux qui se
croyaient seuls de leur espèce alors que le
nombre de ceux qui souffraient comme eux,
mais en silence, et qui valaient mieux qu'eux,
était déjà légion... Sans doute, de ces tristes
personnages nous tenons aujourd'hui par plus
d'un côté; mais que sont pour nous nos pauvres souffrances ! Ce sont les sanglots de tous
qui nous gonflent la poitrine : nous devinons
les douleurs cachées, et nous en frissonnons,

comme nous frissonnons de celles qui s'ignorent elles-mêmes. Nos cœurs sont remplis de
sentiments qui ne sont pas à nous : nous avons
lu trop de secrets dans des yeux tristes. Et
nous en voudrions lire davantage encore, nous
voudrions pénétrer dans toutes les âmes pour
en partager un instant les angoisses, nous
voudrions nous identifier à ces frères inconnus
dont la misère n'est pas nôtre et nous appartient pourtant. Voilà pourquoi nous compre-
nons si bien la voix lointaine qui nous crie :
« Prosternez-vous devant toute la souffrance
de l'humanité ! »

XXXIII

Paris, 9 mai.

Que je suis loin d'avoir oublié, et comme j'ignore ce qui se passe en moi !...

Si je ne puis m'abandonner sans réserve à un sentiment vainqueur, je ne puis non plus m'en affranchir : de nouveau, je voudrais la voir. Elle me poursuit comme une obsession indécise et tyrannique : je ferme les yeux pour chercher son visage, et je n'aperçois qu'une vague apparition, pareille aux têtes des vieux tableaux presque effacés ; je cherche à me rappeler le son de sa voix, et mon souvenir n'est frappé que de vibrations incertaines.

Puis, tout à coup, elle se dessine avec une merveilleuse netteté sur le fond de ma rêverie, telle que je l'ai vue en de certains moments demeurés dans ma mémoire : et c'est pour se fondre presqu'aussitôt dans une obscurité nouvelle. Le regret me vient de mes anxiétés quand je sonnais à sa porte, des heures monotones et pénibles où je la voyais causer avec d'autres, des instants trop rapides passés à faire vagabonder mon imagination à côté de la sienne, comme deux sœurs jumelles qu'on laisse errer dans un jardin et que bientôt un œil étranger ne distinguerait plus l'une de l'autre. *L'en-allé* de ces impressions leur donne une intensité, une profondeur, un charme qu'elles n'avaient peut-être point, ou que j'ignorais et qu'amèrement j'apprends à connaître — trop tard.

Et l'idée *qu'elles ne reviendront jamais*, que

dans leur incertitude elles existaient pourtant, et qu'elles ne sont plus, et qu'elles ont disparu dans un irréparable passé d'où nulle évocation ne saurait les rappeler entières, me les fait désirer désespérément, comme on peut désirer une maîtresse morte. Cet engourdissement plein de douceur que j'ai éprouvé en telle circonstance, je le retrouve par le souvenir, mais combien plus enveloppant! Ce frisson qu'un de ses regards, une fois, a fait courir dans tout mon être, me reprend soudain, mais combien plus éperdu, et je le sens qui se prolonge, qui me secoue, qui me sèche la gorge et arrête les battements de mon cœur... N'avons-nous pas, un jour, descendu la Seine jusqu'à Suresnes, sur une « hirondelle », au milieu de passagers nombreux et bruyants? Nous étions debout à l'avant du bateau, nous regardions défiler les deux rives. Eh bien! en évoquant cette scène, j'ai des visions de splendides paysages où nous glissions ensemble, seuls dans un navire de rêve, — de paysages tellement riches, tellement ensoleillés, d'une si merveilleuse harmonie de couleurs, de lignes et de murmures, que jamais sans doute je n'en verrai de pareils, si loin que j'aille les chercher... De même, si je me rappelle qu'elle chantait au piano, mes oreilles s'emplissent de divines harmonies : existe-t-il quelque part ailleurs, pourrai-je entendre une nouvelle fois ces orchestres invisibles et ces voix séraphiques qui me noyaient dans des mers harmoniques plus vastes que des océans ? Oh ! les insaisissables fantômes !

Et ces musiques, ces paysages, ces enchantements, ces frissons ont été et ne sont plus ! Et quand ils étaient, quand j'aurais pu trouver en eux des voluptés invisibles et réelles, quand

j'aurais pu m'enivrer à leur source vive, —
j'errais dans un monde banal dont les images
produisaient à peine en moi de vaines sensations, fugaces au point de s'évanouir en naissant.

XXXIV

Paris, 12 mai.

Mon passé terne m'apparaît par moments sous de si belles couleurs, que je me prends à désirer le revivre dans ses moindres détails : alors, je regrette jusqu'à mes lendemains d'ivresse, quand je m'éveillais la bouche pâteuse, l'esprit lourd, avec de vagues remords, quand j'avais fait de cette somnolence triste qui succède aux excitations artificielles une sorte d'habitude où se complaisaient mes pensées. A cette époque-là, je n'avais rien dont je pusse me plaindre, nul souci, aucun regret ; mais quoique malhabile à m'expliquer les secrets mouvements de mon être, je sentais en moi *quelque chose qu'il fallait endormir*, — comme un cheval dont la selle cache une épingle se câbre sous une douleur qu'il ne peut s'expliquer. A présent, ce *quelque chose*, je ne l'endors plus; je connais l'aiguillon qui fouille mes chairs meurtries. Ce « quelque chose » de torturant, cet aiguillon enfoui dans la vieille plaie, c'est la *Vie*. Oh! comme je la hais dans toutes ses manifestations! Tout ce qu'anime son souffle est à la fois pitoyable et odieux, parce qu'elle n'est que la double faculté de souffrir et de faire souffrir. Tous les êtres, à la fois patients et tortionnaires, se tourmentent mutuellement, non point seulement pour satisfaire aux cruautés de leurs conditions d'existence, mais par suite de cette inconsciente perversité qui veut que le chat joue avec la souris prise, que l'enfant attache un fil à la patte du hanneton, que la foule s'égaye en écoutant les fauves rugir dans leurs cages, que le savant oublie d'anesthésier les bêtes que son scalpel déchire... Je marche donc au milieu d'un nombre infini de douleurs, dont le plus souvent je n'entends pas même la plainte muette ; et j'en participe par des milliers d'attaches invisibles et mystérieuses. Je suis lié aux choses, esclave de leur esclavage. Je leur appartiens autant qu'elles m'appartiennent. Je prête un sens plein de menaces, de pitié. de désespoir, de révolte à leur inconsciente agitation. Je frémis de leurs murmures. Je comprends ce que cachent leur immobilité et leur silence. Mon âme est éparse dans tout. Les souffles de l'air l'emportent parfois dans des pays inconnus, où elle connaît la lassitude des palmiers altérés, les ardeurs des lianes rampantes, l'amertume des fleurs gonflées des poisons africains. Ses vagues contemplations la font voyager dans l'espace, avec les nuages qui s'en vont du nord au midi et que le vent fouette, poursuit, déchire sans trêve : en sorte qu'elle revient lacérée comme eux, mais trop subtile, hélas ! pour se fondre en un élément nouveau. Pour l'oppresser, des incertitudes émanent, comme des effluves matériels, de ce qui l'entoure. Liée à tout, soumise au caprice multiforme de toutes les destinées qui l'attirent comme autant d'aimants agissant en sens inverses, elle change sans cesse et reste la même, elle va partout sans être libre, et les joies qu'elle trouve en chemin la meurtrissent comme autant de chocs ennemis.

Il serait facile de la délivrer...

Mais si je suis sûr de haïr la vie, je ne suis pas sûr de vouloir la mort : ce sont de solides chaînes qui nous attachent à l'existence, et il

y a en nous une source d'espérances, de curiosités, de désirs où nous puisons sans jamais
la tarir des illusions encourageantes qui se
volatilisent au souffle de la réalité. Alors
qu'une expérience tant de fois renouvelée m'a
montré que l'avenir ne vaut pas mieux que le
présent et qu'en touchant du doigt ses promesses on les fait tomber en poussière, j'attends encore et je veux attendre. D'ailleurs,
pourquoi mettre fin par une angoisse vive, par
une douleur aiguë, à la succession des angoisses sourdes et des douleurs latentes qui
forme les années? Pourquoi se décider au départ aujourd'hui plutôt qu'hier ou plutôt que
demain ? Il faudrait un motif, une piqûre si
violente et si subite que toute autre pensée pût
se taire, que le néant apparût enfin comme le
port unique où tendraient tous les espoirs...

XXXV

Je me suis décidé au voyage, j'ai voulu revivre ma libre vie d'étudiant — ces années
dont le temps a effacé les ombres, — revoir
les paysages embellis et comme cristallisés
dans le mirage du souvenir. Le panorama du
Rhin s'est de nouveau déroulé sous mes yeux,
avec ses collines boisées ou vineuses, ses
ruines, ses églises au clocher ciselé surplom-
bant les maisons rouges des villages. De nouveau, j'ai bu dans des coupes vertes ce vin
doré, froid et parfumé, dont l'arome vous eni-

vre comme une longue odeur de fleurs humides.

Le grand bateau descendait lentement le
cours du fleuve : des touristes braquaient leurs
lunettes sur les points célèbres ; de jeunes
couples, à leur premier voyage, laissaient errer
leurs regards sur les paysagss, pour mieux
voir en eux-mêmes ; quelques passagers enton-
nèrent le chant de Lurley quand on passa
devant l'écueil où la nixe perfide et si belle ne
s'asseoit plus jamais : et des bouffées du passé
me revenaient, comme de lointaines mélodies
qu'une succession d'échos conservent et affaiblissent. Mais en arrivant ici, j'ai compris en
une seconde qu'on ne peut ressusciter les
années mortes et que nous nous perdons nous-
mêmes dans la fuite de tout. C'était bien le
quai où j'avais passé tant d'heures vides à
regarder flotter sur l'eau les bouchons des

pêcheurs, le pont volant qui tant de fois m'avait porté sur l'autre rive, le même horizon sur lequel, d'un côté, les Sept-Montagnes dessinent leurs profils anguleux et qui, de l'autre, se perd en une ligne d'arbres noirs, c'était encore l'oppression délicieuse du ciel pâle et bas, rempli de vapeurs plus légères que des dentelles, c'était bien la paisible petite ville étendue et sommeillant au pied des dernières collines de la vallée : et toutes ces choses me semblaient étrangères, — comme si j'étais venu là pour admirer un paysage qu'un autre m'aurait décrit avec des paroles menteuses, en sorte que je ne le reconnaîtrais pas.

J'ai revu des gens d'autrefois. Huit années ont passé sur eux sans les changer. Il m'ont tenu les mêmes discours que jadis. Le cercle de leurs idées ne s'est point élargi, et ils continuent à tourner dans ses étroites limites sans s'apercevoir qu'ils ne changent pas de place. Aucun doute ne les a tourmentés : sur la politique, sur la religion, sur l'existence, ils ont leurs opinions faites, et ils les conservent, sans savoir si elles sont encore de saison ou si le reste du monde ne les a pas condamnées. D..., chez qui je logeais, joue encore l'*Invitation à la valse* et va toujours au théâtre, une fois par hiver, pour entendre le *Freischütz* : pourtant il a déménagé, et je n'ai pas retrouvé mon ancienne chambrette. H... s'échauffe encore contre le cléricalisme : il m'a répété, en accentuant tous ses mots d'un air solennel, des arguments dont je me souvenais. J'ai vu passer le professeur M... et sa femme : leurs cheveux n'ont guère blanchi, ils marchent du même pas régulier, un peu plus voûtés, les membres un peu plus raidis par les rhumatismes. Je suis sûr qu'ils racontent à leurs nouveaux étudiants les mêmes histoires de leurs voyages passés, qu'ils leur montrent les mêmes photographies rapportées d'Orient, et sans doute que Mme M... les régale des mêmes pâtisseries qu'elle confectionne de ses vieilles mains aux doigts endoloris. Leur existence à tous, lente et paisible, s'écoule comme le sable d'un clepsydre. Ils n'ont qu'à étendre la main pour toucher aux bornes de leurs désirs. Leurs jours se ressemblent tous, et les années aussi, tellement qu'ils en remarquent à peine la succession... Les professeurs surtout me semblent heureux, leur vie étant une sorte de végétation intellectuelle : comme un arbre qui se développe sans changer et croît régulièrement, ils ajoutent chaque année quelque chose à leur acquit. Ils jouissent de ce qu'ils savent et de ce qu'ils enseignent, chacun dans son étroit domaine, trop absorbés dans leurs sciences respectives pour

être secoués par d'irréalisables aspirations,
ni pour sentir entrer dans leur chair l'aiguillon de l'impossible.

Pourquoi ai-je cédé à la tentation de ce
voyage? Ne savais-je pas que je me retrouverais ici, comme partout, non tel que j'étais
en un temps lointain, mais tel que je suis?
D'ailleurs, suis-je sûr d'avoir jamais été autrement? N'est-il pas naturel que les années passées aient pris dans mes souvenirs le charme
de tout ce qui est irrévocablement enfui? N'as-
pire-t-on pas à ce qu'on n'a plus, à ce qu'on
sait qu'on n'aura jamais plus, avec plus d'ardeur qu'à ce qu'on n'a jamais eu? Le regret
n'est-il pas l'attribut des choses disparues,
comme le désir est l'attribut de l'inconnu? Et
ne sommes-nous pas rejetés sans cesse du
regret au désir, du désir au regret, sans trouver
notre calme dans la possession ni dans le sou-

venir ?... Ma mémoire me disait : « C'était beau ! » Quel besoin funeste ai-je eu de m'en assurer ? Malheur à qui veut voir de près les mirages de son imagination ! Les plus brillantes fantasmagories sont les jeux des nuages, que le vent disperse sans cesse, ramène toujours, et que nous ne touchons jamais !

XXXVI

Heisterbach, 10 juin.

Me voici donc dans cet endroit paisible que j'aimais tant et que j'aime encore.

Après la semaine enfermée dans les auditoires à fenêtres trop basses des grands bâtiments jaunes qui sont l'Université de Bonn, après huit jours d'attention soutenue, de veilles avec les dictionnaires, de solitude au milieu de visages connus et pourtant étrangers, je m'en allais courir les Sept-Montagnes dans la liberté de l'air et des bois. J'emportais un livre, que le plus souvent je n'ouvrais pas. A quoi bon lire, quand on peut contempler?

14

Qu'est-ce que les poètes auraient pu me dire
de comparable aux pensées vagues et délicieuses, aux sensations inexprimables que le
frisson des feuilles, les plaintes du vent, la
chanson continue d'invisibles oiseaux cachés
dans la forêt me faisaient découvrir en moi-
même? A quoi bon le vain bruissement des
paroles humaines dans le silence où l'on peut
mieux suivre le développement de sa pensée
intérieure? « Chasse loin de toi le désir des
livres, a dit le plus sage des empereurs, afin
de ne pas mourir en murmurant, mais avec
la véritable paix dans l'âme, et le cœur recon-
naissant pour les dieux ».

Parfois, en revanche, je m'arrêtais longtemps sur une de ces poésies allemandes, si
mystérieuses, musicales, profondes, que je
savais par cœur et que je me répétais, et qui,
d'accord avec le paysage, me fournissaient un

monde de suggessions et d'images. Tantôt, c'était une pièce de Heine, dont chaque vers entrait en moi ; ou bien une simple chanson d'étudiant. Et je me rappelle encore certains fragments de celle que j'aimais le mieux : « Le mois de mai est venu, les arbres bourgeonnent, et mon cœur joyeux chante comme une alouette... Mon père, ma mère, que Dieu vous garde ! Qui sait si au loin le bonheur me sourira encore ? Mais il y a tant de vins que je n'ai pas goûtés, tant de routes que je n'ai pas suivies !... Pourquoi es-tu si beau, monde, ô vaste monde ?... » Je connaissais tous les sentiers de ces montagnes peuplées de légendes capricieuses ou symboliques. Je rencontrais en chemin les êtres surnaturels que la naïve fantaisie d'autrefois faisait glisser sur les fleuves ou passer avec le vent dans les arbres de la forêt, qui se plaisaient à consoler les hommes de leurs peines où les attiraient doucement à une mort facile, ou bien emportaient à travers la tempête les cadavres des héros tombés en combattant. Je réncontrais aussi les barons dont les *burg* sont écroulées, et les *minnesaenger* errants, et les blondes filles des ballades, qui tiennent à la fois de la femme, de la vierge et de la fée, qui aiment, qu'on aime, dont les corps diaphanes s'évaporent dans les transparences de l'air. Les nixes ont chanté pour moi leurs plus alliciantes mélodies ; le bruit des ouvriers d'Albéric dans leurs forges souterraines a souvent frappé mes oreilles ; le même oiseau que Siegfried sut comprendre m'a révélé la vie de la forêt ; j'ai aperçu dans la tour de Rolandseck le pâle visage du chevalier Toggenburg, les yeux éternellement fixés sur la fenêtre de sa bien-aimée, la recluse de Nonnenswerth. Et les inconnus, les

oubliés, les morts obscurs que nul poète n'a
chantés, dont nulle légende ne consacre le
souvenir, — tous ceux qui ont souffert parmi
les splendeurs de cette impassible nature, tous
ceux dont les noms ont passé comme mon
nom passera, tous ceux dont les cœurs ont été
gonflés d'hymnes inexprimés, plus beaux mille
fois que ceux des plus grands poètes !...

Vers le soir, j'arrivais ici. Le calme de cette
vallée fermée de tous côtés, où l'abside de
l'antique église abbatiale reste debout sous
les vieux noyers, où les salamandres logent
dans les crevasses des murs à demi écroulés,
descendait en moi comme une ombre rafraî-
chissante ; alors, tandis que l'obscurité enveloppait lentement les arbres, je jouissais d'une
paix si complète que les bruits faibles et les mystérieux frémissements de la nuit glissaient sur
moi sans même me faire frissonner, comme

des souffles imperceptibles. — Il faut qu'il y ait un singulier lien entre ce coin perdu du monde et je ne sais quel repli intime de mon cœur, car, après des années, le même sentiment me reprend et me berce : une invisible main bienfaisante délivre ma poitrine d'un poids matériel ; le silence se fait en moi comme autour de moi ; mon âme devient soudain tranquille comme les branches basses des noyers dont les sommets seuls, battus par le vent, se plaignent doucement.

XXXVII

J'ai passé la journée sur le Petersberg, —
celle des Sept-Montagnes que je préfère, parce
qu'elle est moins fréquentée et plus boisée que
les autres.

Pendant trois quarts d'heure, on suit un
sentier qui monte sous une voûte de hêtres
énormes, dans une ombre humide et fraîche.
Sur le tapis de feuilles tombées et de branches
sèches où craquent les pas, quelques rayons
de soleil filtrés à travers les arbres dessinent
des ronds lumineux. La montagne étant un
lieu de pèlerinage, on rencontre de temps en

temps un grossier crucifix de pierre, avec un bénitier rempli d'eau de pluie où trempent des branchillons morts. C'est le recueillement religieux, le frisson qui passe à travers le silence, c'est la peur très vague et très douce du jour obscurci, c'est une tendresse profonde qui demande à s'épancher sur tous les êtres cachés dans le mystère des feuilles. Tant qu'a duré la facile ascension, j'ai retourné dans ma mémoire cette profonde devise lue un jour sur le portail d'un couvent de trappistes : *Solitudo cœli janua...*

Le sommet du Petersberg est une sorte de plateau ovale qui s'ouvre en sept endroits sur des paysages dont trois au moins diffèrent absolument l'un de l'autre.

D'un côté, c'est l'intérieur des Sept-Montagnes : des carrés de bois, traversés en tous sens par le blanc sillon des routes, tachés de rocailles jaunâtres ou de carrières grises ; çà et là, un groupe de maisons, un champ d'orge ou d'avoine ; et la silhouette du Grand-Oelberg aux flancs lépreux, au sommet couronné d'un bouquet d'arbres qui lui mettent un panache noir, domine l'austère paysage.

De l'autre côté, le Rhin s'élargit : autour de la ruine de Godesberg isolée dans la plaine, sur un dernier mamelon, des champs de blé font ondoyer leurs ors, des villages cachent à demi leurs maisons en briques rouges sous d'épaisses verdures ; au loin, Bonn apparaît avec tous ses clochers, puis Cologne élève la masse carrée de son immense cathédrale qui ne semble qu'une tache noire dans les vapeurs grises de l'horizon ; et, aussi loin qu'on peut voir, les forêts du Westerwald étendent leurs lignes bosselées de collines basses.

Le troisième point est en face du Drachen-

fels : un rocher abrupt avec un pan de murs
tout en haut. Au pied, le Rhin s'est divisé en
deux bras pour entourer la petite île de Nonnenswerth, avec son vieux monastère aux murs
fraîchement recrépis. Plus loin, le fleuve se
montre et disparaît entre les montagnes qui le
bordent, dont la ligne est tantôt brusquement
coupée ou tantôt s'abaisse peu à peu pour reprendre plus loin, plus arrondie ou plus ferme.
Sous un ciel couvert, cette contrée est mélancolique et comme endormie. Mais le moindre
rayon de soleil suffit à la ranimer. Alors, sous
les jeux de la lumière, elle étale des couleurs
merveilleuses, opalines, délicates, embrumées,
ou éclatantes comme celles d'un paysage du
Midi. Des reflets étendent sur le fleuve de
grandes taches d'ombres transparentes, et sur
ses eaux, sur ses rives, sur ses collines, sur
le vaste horizon, des nuances infinies se dé-

tachent comme de fines mélodies parmi les splendeurs de tous les verts et de tous les bleus amassés et superposés comme pour former un fonds de sonorités magnifiques.

Arrivé de grand matin au sommet, j'ai été surpris par la pluie. Je me suis alors réfugié dans une petite maison où les touristes peuvent se rafraîchir. Deux frères, hommes instruits et cultivés, l'habitent toute l'année, terriblement isolés pendant les mois d'hiver, où ils ne voient que les rares pèlerins qui montent à la chapelle, et l'âne qui leur apporte des provisions quand les chemins le permettent. Ils sont seuls propriétaires du plateau ; mais, pour acquérir le droit d'y demeurer en paix, il leur a fallu soutenir de longs procès contre leurs voisins qui convoitaient les points de vue. Leurs procès gagnés, ils ont quitté la ville et son bruit, ils se sont retirés sur leur montagne en dehors

et au-dessus de la vie ordinaire. Par une étrange
contradiction, ils se plaisent à voir venir à eux
les hommes qu'ils ont fuis : au prix où ils ven-
dent leur bière, ils ne peuvent retirer de leur
petit commerce que le plaisir de la conversation. Ils reçoivent aussi des journaux, et ils
s'intéressent aux choses qui se passent si loin
d'eux comme le spectateur des naufrages et des
combats qu'a chanté Lucrèce.

Les deux frères sont d'ailleurs très différents
l'un de l'autre.

L'aîné est un contemplatif. Tout le jour, il
s'en va de l'un à l'autre de ses sept points de
vue ; il remarque les plus légers changements
que les caprices de la lumière apportent au
paysage, et il en jouit. Rien ne lui semble monotone dans cette contrée dont il connaît les
moindres détails et qu'il observe toujours des
mêmes lieux.

— Le soleil, m'a-t-il dit, s'est-il deux fois couché dans les mêmes nuages?...

Le cadet, au contraire, est un méditatif. Pendant que son frère laisse sa vie se confondre dans la vie de la nature, et trouve le bonheur en cette délicieuse identification, il rentre en lui-même et réfléchit. Et comme, étant seul, il ne peut que tourner et retourner ses idées, les développer et les amplifier sans qu'aucun fluide étranger les féconde, certains problèmes métaphysiques ou moraux prennent pour lui une réalité, une consistance inouïes. On le voit frissonner de sa propre pensée qui, quelque large que soit d'ailleurs son cercle, finit toujours par revenir à son point de départ, après s'être heurtée et meurtrie aux barrières de l'inconnu. « Qu'est-ce que l'homme fait sur la terre? » se demande-t-il par exemple. Et, au lieu de hausser les épaules, comme le scepticisme vulgaire ne manque jamais de le faire devant une question aussi insoluble qu'inutile, il se la répète désespérément, la mûrit, la pèse, se laisse entraîner par elle à travers le cycle d'hypothèses qu'elle soulève, écoute les réponses inintelligibles que lui murmurent de confuses voix intérieures, se morfond à les tirer au clair, — puis se retrouve devant son douloureux point d'interrogation. Je n'ai jamais vu la souffrance de ne pas savoir arrivée à un état aussi aigu. Je n'ai jamais rencontré de si tragique incertitude, de pessimisme si universel et si sincère.

— Vous êtes un bon schopenhauerien, lui dis-je après que nous eûmes longtemps causé.

— Je n'ai jamais lu Schopenhauer, me répondit-il.

Et il ajouta lentement, comme en réfléchis-
sant :

— On m'a souvent conseillé de le lire...
mais il y a longtemps que je ne lis plus... Les
livres sont muets... Quand ils veulent défendre
une thèse, ils la développent sans s'inquiéter
du monde d'idées qu'ils suggèrent au lecteur :
ils n'écoutent pas ses objections, ils n'apaisent
aucun de ses doutes, ils laissent plus excitée
sa curiosité qu'ils n'ont pas satisfaite...

La CURIOSITÉ, cette passion d'où découlent
toutes les autres, est tellement raffinée chez
cet homme, elle se dirige si naturellement vers
les régions où il n'y a rien pour elle, elle
s'exaspère tellement dans son effort toujours
vain, dans son interminable défaite, qu'elle
le torture à la fin avec des cruautés d'idée fixe
ou de remords. Aussi ne *s'ennuie-t-il* jamais,
du moins dans le sens habituel du mot. Il sait

toujours que faire. Son intelligence affamée voit toujours passer quelque proie qui fuit, qu'elle chasse et qui lui échappe. Et quand il se sent trop oppressé par ses idées, quand il n'a pas eu de trop longtemps l'occasion de communiquer avec un touriste capable de le comprendre, il tient de longs discours à son chien — un vieux petit chien jaune et asthmatique qui ne le quitte jamais d'un pas. Le chien est moins froid que les livres : il remue la queue en sautant, il a l'air de comprendre et de vouloir répondre ; on lit dans ses bons yeux fidèles toutes sortes de pensées inachevées, de sensations confuses que personne ne connaîtra jamais, — un mystère de plus !

Au cours de notre conversation, tout à coup, le solitaire s'adressa à lui, oubliant peut-être qu'il avait un autre interlocuteur, ou par une habitude invétérée. Puis, remarquant que je le regardais avec quelque étonnement, il s'excusa de sa distraction et me communiqua sur les bêtes des réflexions qu'on retrouverait à peu près, comme la plupart de ses idées, dans les œuvres du sage de Francfort :

— Mon chien, me dit-il, est ma meilleure raison d'exister... Je crois que si les bêtes pouvaient parler, elles seraient supérieures à l'homme : en tout cas, elles ne se serviraient pas du langage pour les mêmes usages infâmes...La façon dont un chien salue son maître n'est-elle pas mille fois plus affectueuse, plus franche, plus digne que celle d'un homme qui salue un supérieur?... Croyez-vous que je trouverai jamais un ami qui m'aime comme *Putzelmann?*... N'est-ce pas, *Putzelmänn-chen?*... Et que de choses se passent dans ce cerveau, plus développé peut-être que nous ne le croyons... des choses qui demeurent inexprimées, que nous ne soupçonnons pas, dont l'animal ne se rend pas compte à lui-même, — qui sont peut-être toute une conception de la vie plus simple et plus vraie que la nôtre...

Le chien s'était assis vis-à-vis de son maître et le regardait dans les yeux.

Sur ces entrefaites, le frère aîné, qui nous avait quittés depuis un moment, rentra, embrassa la scène d'un coup d'œil, et haussa légèrement les épaules : il ne comprenait ni les idées de son frère, ni ses sentiments, et il détestait *Putzelmann*...

Jamais je n'oublierai la figure de ce singulier solitaire : ses longs cheveux argentés, relevés dans le bas en demi-boucles, son épaisse barbe blond pâle élargie en éventail, son visage aux traits fins conservant derrière ses rides une fraîcheur de fruit conservé, éclairé

par deux yeux extraordinairement limpides qui
se meuvent sans cesse en reflétant des ombres
continuelles. L'âge a déjà voûté sa haute
taille ; il marche appuyé sur un bâton, les
jambes raidies par des rhumatismes, son vieux
chien jaune, perclus aussi, trottinant derrière
lui. — Il m'est apparu comme un noble repré-
sentant du sage moderne, qui s'applique à
réduire ses besoins, cherche la paix dans la
renonciation aux désirs de la vie ordinaire, et
ne la trouve pas, parce que l'invincible curiosité subsiste en lui. Les stylites de jadis oubliaient tout et s'oubliaient eux-mêmes dans
leur stérile contemplation sans mouvement :
nul ermite aujourd'hui n'arriverait à la béatitude, nul ne parviendrait à échapper tout à fait
à la tyrannie des problèmes déchaînés : quand
même il a dompté les circonstances et vaincu
la *soif d'avoir*, l'homme actuel trouve toujours

en lui-même une source intarissable de tour-
ments.

Quand je me remis en route, le ciel s'était
rasséréné : en descendant la montagne, je
voyais, par des éclaircies qui s'ouvraient de
place en place à travers les hêtres, s'étendre
sous mes pieds le panorama changeant du
fleuve que le couchant baignait de ses fantastiques lumières. Là-haut sans doute le frère
aîné, le contemplatif, s'abîmait avec délices
dans les prestiges envahissants du crépuscule ;
tandis que l'autre, inattentif à ces splendeurs
extérieures, dédaignant les pompes et les con-
solations de la nature indifférente, faisait encore tourner sa pensée pantelante sur la roue
de l'inconnu.

Je suivais la même route que le matin, je
retrouvais aux mêmes contours les christ dis-
tendus sur les vieux crucifix, l'ombre était

seulement plus épaisse et le silence plus profond, — et je ne savais plus si la solitude est
la porte du ciel ou si elle ouvre sur des espaces
désolés.

XXXVIII

Bayreuth, 17 juin.

Seules, les jouissances de l'art ne sont pas
une illusion. Mais, telles qu'elles nous sont
offertes d'habitude , elles sont médiocres et
tronquées. Il faut être venu ici, dans ce coin
retiré des montagnes bavaroises, pour comprendre à quel point elles peuvent être absorbantes et comment l'esprit s'apaise en s'élevant
sur les hauteurs où sait le conduire le génie de
Wagner — du Wagner des dernières œuvres.

Il faut dire aussi qu'il y a un accord mer-
veilleux, une complète harmonie entre toutes
les impressions nouvelles qu'éveille le séjour

de Bayreuth. Le paysage, d'abord, — ces vastes horizons montueux et boisés où la gamme monotone des verts est presque seule à chanter, — prédispose à la fois à la méditation et aux rêveries contemplatives. La ville, avec ses larges rues aux passants rares, sa résidence inhabitée, son parc silencieux sous l'ombre des antiques marronniers, dégage ce charme mélancolique, doux, mystérieux, des choses mortes. Je comprends que Wagner ait choisi cet endroit paisible pour se reposer des agitations de sa carrière ; je comprends qu'il ait senti sa fièvre intérieure se calmer peu à peu dans cette contagieuse tranquillité et qu'il ait pu graver sur la porte de sa demeure ces vers auxquels seule la vue des lieux donne un sens :

> Weil mein Wahn hier Frieden fànd
> Hab'ich diese Wohnung Wahnfried genannt.

Un trouble pourtant, dans ce lieu de paix :

les fifres et la démarche automatique des détachements militaires qui, dans toutes les villes de l'Allemagne, mettent la haine au cœur, amènent l'odieuse obsession des armes, font surgir la vision sanglante des charniers sanglants des batailles, réveillent la pitié douloureuse pour ces troupeaux humains que des ambitions ennemies élèvent en vue du meurtre et jettent au carnage... Le régiment passe, ses bruits s'éloignent, et la pensée librement retourne à l'Art, dont le règne pacifique est le seul vrai.

Dressé sur une hauteur, le théâtre domine la contrée, et les moindres circonstances de la représentation sont calculées pour soutenir la disposition des spectateurs. Rien n'y rappelle ces mauvais lieux qui sont nos théâtres, où des musiques faciles, des actions conventionnelles, des rencontres mondaines sont la seule pâture offerte à l'intelligence. Pas d'étalages de toilettes, pas de causeries, pas d'applaudissements ni de petites pâmoisons comme il faut. Sur les gradins, disposés en amphithéâtre, de la vaste salle flanquée de colonnes où l'obscurité se fait au premier coup d'archet de l'orchestre invisible, l'âme est bien prête au *recueillement,* sans lequel on ne peut s'assimiler aucune impression de vraie *beauté.* La majesté du lieu s'ajoute aussi à celle de l'œuvre, — et c'est là, c'est seulement là qu'il faut entendre ces drames où tout est *beau,* depuis le fonds harmonique sur lequel se brode avec un éclat prestigieux la trame des récitatifs, jusqu'à la plastique des groupes, des mouvements et des décors. A travers cette synthèse suprême de tous les arts, qui est à coup sûr le plus puissant effort — peut-être le dernier — du génie humain dans

un domaine presque abandonné , la *Beauté*
retrouve ses lignes pures, son aspect calme
et supérieur transparaît comme un Absolu.
Et pourtant, l'artiste traduit nos aspirations et
nos agitations, les mouvements si complexes
de l'âme et de la pensée modernes, toute l'immensité de nos désirs. Par quel miracle a-t-il
pu trouver le moule idéal où des éléments si
divers viennent se résoudre en une splendide
unité ? Je ne sais. Mais je ne connais qu'une
seule œuvre d'art dont l'impression soit comparable à celle que je viens d'éprouver, qui
m'ait fourni déjà la représentation sensible de
ce qu'il y a de plus grandiose, — de plus tourmenté à la fois et de plus serein, — dans une
âme où passent les reflets d'un monde : la
Nuit. Entre la *Nuit* et *Parsifal*, il y a eu de
grandes œuvres. Entre Wagner et Michel-
Ange, il y a eu des géants. Mais, à trois

siècles de distance, ces deux génies ont traduit le même sentiment, qui est le dernier
mot des recherches, des douleurs, des doutes:
l'apaisement de ceux qui meurent et qui souffrent. Le grand Florentin a connu toutes les
fièvres de l'esprit qui travaille sans cesse, tous
les troubles de l'homme égaré parmi la
nature et victime de ses propres faiblesses,
toutes les meurtrissures qu'il se fait en tâton-
nant dans une obscurité où flottent des lueurs
incertaines, tous ses dégoûts à travers un interminable combat dont le but lui échappe, —
les fatigues, les anxiétés, les problèmes, les
blessures que sa femme de marbre oublie dans
son éternel et *calme* sommeil de San-Lo-
renzo. Wagner a éprouvé les mêmes fièvres,
les mêmes troubles, les mêmes dégoûts, développés par la lassitude d'une marche de trois
siècles de plus, si multiples maintenant, si

absorbants, qu'il faut pour les traduire le symbolisme du mythe et la pénétration du langage musical. Et, comme la femme endormie, enfin, il a voulu les oublier, et il a aussi trouvé le *calme* dans son rêve mystique, à côté du *Pur Simple* auquel la compassion découvre le mystère de la vie, sous. les ombrages sacrés du Graal où Kundry elle-même repose.

L'admirable point final au labeur d'une existence qu'une œuvre aussi consolante ! Que nous sommes loin de Tannhæuser hanté par les mauvais désirs, de Tristan dont le philtre a enflammé le sang, des convoitises sacrilèges d'Albéric maudissant l'amour ! Il semble que toutes les passions se soient apaisées dans l'universelle réconciliation, on dirait que le pardon est distribué à tous les êtres. Et si l'on cherche à résumer par des mots l'impression dernière que laissent les triomphantes ondes harmoniques qui absorbent à la fin l'âme malade de Kundry, — les vers du vieux Buonarotti nous reviennent en mémoire :

> Grato mi è il sonno, e più l'esser di sasso,
> Mentre che il danno e la vergogna dura,
> Non veder, non sentir, m'è gran ventura;
> Pero non mi destar; deh! parla basso!

Ne rien voir et ne rien sentir : aspiration suprême de ceux qui ont tout vu et tout senti !

XXXIX

Paris, 3 juillet.

Je suis de retour depuis le matin. J'ai tra-
versé la Ville au moment où elle s'éveille à
peine de son mauvais sommeil, à l'heure où
des restes de sa nuit traînent encore par les
rues, où les gens qu'on rencontre ont des airs de
fatigue et de dégoût, comme s'ils venaient de
quitter et s'apprêtaient à reprendre quelque
écœurante besogne. Les chaleurs de la veille sta-
gnent encore entre les maisons, avec des odeurs
rancies, parmi des poussières étouffantes. Le
ciel d'été, que le soleil ne rougit pas encore, mais
que des vapeurs malsaines remplissent déjà,

semble posé à ras les toits. Et comme il est lourd ! Comme il m'écrase ! Comme je voudrais le crever d'un coup, ou bien l'échanger contre un libre horizon où ma pensée pourrait à son gré chercher ses refuges !

Tout de suite, le train banal des affaires m'a repris ; il va recommencer à dévorer au jour le jour mon existence. Après une échappée dans l'art que j'aime et dans l'indépendance d'une nature où chaque détail répond à un de mes besoins intimes, j'ai quelque peine à redescendre à mon niveau habituel. En agissant, je sens davantage combien mon action est indifférente ; en écrivant, je sens trop combien les pages que je signe et que je laisse s'envoler me sont inférieures à moi-même ; plus que jamais, j'ai honte de mes paroles et de mes gestes, honte de ce que je fais et de ce que je pense, honte de cette plate existence d'*homme de lettres*, de ce métier plus vil que les autres où l'on vend l'écume de son cerveau et de son cœur. Et, par moments, quand je retrouve un peu de foi en moi-même, quel regret de dépenser tant d'efforts sans approcher d'un pas de ma propre réalisation, d'imposer silence à mes plus nobles désirs, de me disséminer en tant de besognes vaines ! Et puis, les habitudes me reprennent, je me résigne, — mais en rougissant de ma résignation.

Il me semble que la vie me mure lentement et patiemment dans une prison : l'espace est étroit, je sais le sort qui m'attend et je pourrais peut-être me délivrer d'un effort. Mais non. Je regarde les pierres s'ajouter aux pierres, et le ciment les couvrir ; j'entends les coups de l'invisible ouvrier... Je regarderai et j'écouterai ainsi jusqu'à ce qu'il soit trop tard pour faire encore le mouvement libérateur, jusqu'à ce que j'étouffe derrière la dernière pierre posée. Il y a des pays où la vie est facile et libre : je ne les connaîtrai pas. Il y a toute une hygiène, morale et physique, qui rétablit l'équilibre entre l'âme et le corps : je ne la suivrai pas. Il y a mieux à faire que des livres inutiles : la vaste sphère de la véritable action est ouverte devant moi, je n'y entrerai pas. Il y a peut-être une femme que j'aurais pu aimer : ces pages sont remplies d'elle, même quand son nom n'est pas prononcé, même quand elle en semble le plus loin. Mais je ne l'ai pas revue depuis longtemps, et je ne pense pas la revoir jamais.

XL

Paris, 4 août.

Cécile est morte, et j'ai été averti de sa mort comme un étranger.

Aussi bien, n'étais-je pas devenu, — n'avais-je pas été toujours un *étranger* pour elle ? N'a-t-on pas comme cela, dans la vie parisienne, des foules de « relations » qu'on voit quotidiennement pendant des mois, puis qu'on perd de vue, qu'on ne connaît plus que par des rencontres dans la rue ou par des cartes du jour de l'an, et dont une fois on apprend ainsi la mort par une lettre de faire-part ? Qu'étais-je de plus pour elle, et qu'était-elle de plus

pour moi, après tout, qu'une de ces connaissances de hasard? Le lien qui nous unissait
pouvait-il nous rapprocher? Il y avait un abîme
entre nous, un grand trou que nos incertitudes
avaient creusé, un vide que nous n'avons pas
su combler. Nous nous regardions sans nous
comprendre ou nous nous comprenions sans
nous aimer, je ne sais lequel des deux, —
mais comme nous étions bien des *étrangers*
l'un pour l'autre!.... Eh bien! il me semble
que nous le sommes moins, à présent qu'elle
n'est plus. La Mort a peut-être fait ce que la
Vie n'avait su faire, elle nous a rapprochés...
Je la comprends à présent mieux que je ne l'ai
jamais comprise; surtout, je l'aime, je l'aime
comme je ne l'ai jamais aimée! Le voile qui la
cachait à mes yeux s'est déchiré. L'obscurité
qui l'entourait s'est dissipée. Elle rayonne en
pleine lumière, éclairée jusqu'au fond de son

âme par l'auréole dont la nimbe mon souvenir.

Et je ne la reverrai jamais !

Les imperceptibles moments où nos deux
cœurs ont battu à l'unisson ont disparu sans
retour. Maintenant, nos années passeront,
nous serons absorbés tous les deux dans le
même infini, les âges sans mesure amasseront
les durées, — et ces moments ne reviendront
jamais !

Nous ne nous sommes pas connus... Je vois
toujours son indéchiffrable sourire. Je sais
qu'il y avait là tout un immense *secret*, —
un secret qu'elle a emporté là-bas, tout là-bas,
dans le mystère universel où elle a disparu,
un secret que je ne connaîtrai jamais.

Ce sourire restera dans ma mémoire comme
une énigme où je me morfondrai : il aiguisera
en moi d'inapaisables curiosités, il me tour-

montera comme un remords, il sera le but insaisissable et fou de tout mon travail intérieur,
il se dessinera sur le fonds de toutes mes pensées. Je le verrai toujours, obsédant, figé.
Mais je ne reverrai plus jamais les lèvres qui
l'esquissaient, mon regard ne rencontrera plus
jamais le regard où son mystère faisait passer de si étranges reflets, je n'entendrai plus
jamais la voix profonde qui m'a tant de fois
fait frissonner comme si je l'avais devinée
prête à prononcer le mot définitif, le mot que
je voulais entendre le mot, qui n'est pas sorti
et que je n'entendrai jamais.

Jamais!.. Ces deux syllabes sont un axe de
feu autour duquel ma pensée tourne verti-
gineusement. Je cherche à pénétrer le sens
précis de leur effroyable rigueur, je ne peux
pas. Il me semble qu'elle existe encore, que je
puis la voir chez elle, la rencontrer par ha-

sard, dans la rue, comme cela m'est arrivé
deux fois. J'ai une telle certitude qu'elle demeure en moi, que je ne saisis plus la différence entre le mensonge et la réalité des
représentations, entre être et ne pas être, entre
ce qu'elle est, ce qu'elle fut et ce que je suis

Où s'arrête le Moi?.. Où finit la Vie?... Trop
de choses d'elle ont passé dans mon cœur
pour qu'elle soit réellement morte tant qu'il
me reste un souffle : n'est-ce pas souvent sa
pensée qui s'agite dans mon cerveau ? Je ne
pourrai plus rien éprouver qu'à travers son
souvenir. Et puis, au moindre signe de ma
volonté, son image m'apparaît dans les robes
qu'elle portait, avec ses parures habituelles,
aussi nette, aussi *matérielle* qu'elle se montrait
à mes yeux quand je la voyais chez elle,
parmi les objets accoutumés.

Nous causons familièrement, comme autre

fois. Elle m'écoute, elle me répond, comme si je n'avais pas reçu cette lettre bordée de noir, comme si j'étais *réellement* à côté d'elle... Et puis, tout à coup, je sens la morsure de la FIN et du JAMAIS, je me rappelle que son image et ses paroles ne peuvent être, ne sont qu'une hallucination ; et je reste avec l'âpre dégoût de tout ce qui m'entoure, avec aussi le désir aigu de savoir ce qu'elle sait et ne m'a point dit, de la suivre dans le mystère qui l'a toute absorbée...

XLI

Paris, 5 novembre.

Le hasard s'est chargé d'arranger ma vie :
je suis libéré de mes plus lourdes charges, je
puis faire *ce que je veux*. Mais est-ce que je
veux quelque chose? Est-ce que, parmi la foule
incohérente de mes désirs, j'en pourrai choisir
un, et le poursuivre?...

Bien souvent, jadis, quand je me sentais
trop écœuré par la lutte, je me disais : « Si *je
pouvais,* je m'en irais dans quelque endroit
retiré, où je travaillerais sans excès ni fatigue,
non plus en manœuvre des lettres, mais en
penseur qui demande à l'étude sa propre réali-

16.

sation et cultive son esprit pour le faire s'épa-
nouir, comme un jardinier arrose une plante
rare et lente à fleurir. Et ce serait là le bonheur. » Aujourd'hui, rien ne m'empêche plus
de réaliser ce rêve, je puis aller me fixer
n'importe où, là-bas, par exemple, dans cette
calme vallée d'Heisterbach où je trouverais la
paix.

Eh bien ! j'hésite. J'ai peur de cette liberté
tant souhaitée. Au moment de quitter Paris, je
m'y sens attaché par des liens que je ne savais
pas si solides. Malgré tout ce qu'il m'a fait
souffrir, Paris demeure ma ville d'élection,
j'ai foi en Paris et je l'aime. J'en aime les aspects toujours changeants, les longs boulevards où j'ai laissé quelque chose de moi-même
à chaque coin de rue, j'en aime surtout la vie
enfiévrée dont je participe par toutes les fibres
de mon être, dont les ardeurs sont dans mon

sang⁻. Oui, cette activité que je maudis, ces ambitions que je méprise, sont ma raison d'exister. Je suis bien décidément fondu dans cette
immense unité, j'appartiens à Paris, je ne
pourrais m'en arracher sans un déchirement...
Ah ! si le même hasard était venu plus tôt, à
l'époque où mes désirs n'étaient pas encore
des habitudes, où la pratique des occupations
coutumières ne m'avait pas encore façonné à
sa guise, où trop de frottements n'avaient pas
encore limé ma volonté !... A présent, IL EST
TROP TARD, je suis à jamais la victime des contradictions qui me tiraillent. Quelles que doivent être les circonstances, il n'y a plus d'accord possible entre elle et moi : sans ambition,
je poursuivrai un but ambitieux ; sans illusion
sur la réalité de la gloire, je lui ferai la chasse,
je l'approcherai peut-être, — d'aussi près du
moins que peut l'approcher un homme de

mon temps ; sans désirer l'argent, ni pour lui-
même, ni pour les avantages qu'il procure, je
m'efforcerai cependant d'augmenter ma fortune et je me livrerai à des soucis que je méprise. Tant il est vrai que l'homme n'est point
le maître de sa destinée, même quand il paraît
l'être : comme un instrument dans un orchestre, il pousse une note éternellement discor-
dante ; il est condamné à rester, quoi qu'il
fasse, en dehors de l'harmonie de la nature,
qu'il domine et qui le rejette.

J'avais aussi la curiosité des autres contrées,
je rêvais des voyages à travers le panorama
du monde. A présent, nul obstacle ne me retient plus, mais les pays inconnus n'ont plus
d'attrait pour moi. Je ne frissonne plus de désir
en songeant aux fleuves qui coulent parmi
des végétations étrangères, à la poésie des
étendues infinies du désert ou de l'Océan,

aux vestiges des premiers siècles debout encore ou vivants dans la mystérieuse Asie. Ne
m'emporterais-je pas partout avec moi-même ?
Pourrais-je là-bas me fuir plus qu'ici ?... Alors,
à quoi bon changer de place ?

<h1 style="text-align:center">XLII</h1>

C'est un essai, quoique, pour me faire illusion à moi-même, j'aie donné à mon déménagement les apparences d'une résolution définitive. J'ai loué ce vieux portail à quatre chambres, où nul bruit ne me dérangera. Un fermier, qui est aubergiste en même temps, se charge de mon entretien. J'ai apporté mes livres favoris, les cinq ou six cents volumes où se trouve résumée l'histoire de la pensée humaine, et qui peuvent suffire aux curiosités de toute une vie : les mémoires des hommes d'action qui ont créé le plus de mouvement

autour d'eux, les systèmes des philosophes qui
ont eu les plus amples conceptions de la vie,
les analyses des psychologues qui ont pénétré
le plus avant dans les profondeurs de l'âme,
les chants des poètes qui se sont le plus librement incarnés dans leurs vers. Au gré de ma
fantaisie, je passerai d'Homère à Spinoza, de
Shakespeare à Saint-Simon, de Baudelaire à
Lucrèce, redemandant à chacun les pages que
j'ai préférées. Je puis écrire pour moi seul
selon les suggestions de mon caprice, sans
que ma plume soit tyrannisée par des considé-
rations étrangères. Je puis repaître mes yeux
des contemplations aimées, m'abandonner à
toutes mes rêveries, regarder passer sur la
route la vie lente de la vallée, parcourir ces
montagnes où la marche est facile et m'étendre sous les arbres en regardant le ciel à travers les éclaircies de leurs feuillages...

... Et mes journées s'écoulent dans un inexprimable ennui. Je n'ai pas encore retrouvé dans mes poètes le frémissement des émotions anciennes. A plusieurs reprises, j'ai pris la plume pour noter des idées qui flottaient devant moi et me semblaient splendides, — mais qui, en se formulant, se dépouillaient de leur magnificence. Il m'est impossible de m'astreindre à aucune étude sérieuse : je suis aussi las de ce que je ne sais pas encore que de ce que je sais déjà. Je ne trouve plus d'intérêt au jeu des idées. Les cordes de ma volonté se détendent l'une après l'autre... Si je m'attarde encore dans cette énervante solitude, je n'aurai plus le courage de m'en arracher, j'y resterai sans être heureux...

XLIII

Heisterbach, juillet.

... Ce soir-là, nous causions dans le grand salon vide qu'envahissaient les ombres du crépuscule. Que disions-nous?... Je ne sais plus, mais l'harmonie de ses pensées est demeurée en moi, et de temps en temps un écho intérieur me la renvoie.

XLIV

(Sans date.)

Nul poète n'a jamais su rendre les déchirements du souvenir, et, pour les traduire, on répète depuis des siècles les deux vers glacés du Dante : *Nessun peggior dolore*, etc... D'ailleurs, où trouver des mots pour rendre la désespérée aspiration vers ce qui s'est enfui, ou le poignant retour d'une sensation cruelle, oubliée depuis longtemps, qui revient tout à coup, ramenée par un souffle d'air, par une insaisissable liaison d'idées? Par quelles images exprimer la douleur que ces fantômes traînent derrière eux, dont ils vous

17.

aspergent le crâne comme d'un parfum vaporisé, qu'ils font entrer tout au fond de vous par tous vos pores, — puis avec laquelle ils vous laissent quand ils ont disparu !...

Le plus souvent, les choses passées me reviennent dans leur inconsolable tristesse : ce sont des apparitions indécises, des visions confuses, des ombres sans consistance qui flottent dans une brume épaisse ou s'estompent sur un fond de lumière chaotique, — des yeux ouverts dans le vide, des mains tendues vers d'invisibles proies, des pieds meurtris dans une course éternelle et qui vont toujours, des cheveux, de lourds cheveux pareils à des traînées de rayons noirs, et des visages entiers, masques grotesques ou tragiques, grimaçants en des joies ridicules, en des douleurs passionnées, que j'ai connus peut-être, que je reconnais quelquefois, qui m'entourent et m'entraînent dans leur ronde spectrale et désolée.

Mais d'autres fois, le passé est superbe, je voudrais au prix de ma vie le ressusciter pour moins d'une seconde. Oh ! les bonnes fatigues des nuits de travail, quand ma pensée pantelait dans ma tête malade !... Oh ! les délicieuses anxiétés des jours sans pain, des courses désespérées à travers ce Paris dont j'entends dans mes oreilles retentir les grondements rhythmés comme de splendides musiques !... Oh ! surtout, ce sourire, ce sourire que je ne chercherais plus à déchiffrer, mais que je voudrais revoir ailleurs que dans ma mémoire où s'altère et s'efface peu à peu sa mystérieuse précision !... Et sa voix au timbre profond, qui s'adoucissait quand elle me parlait, qui devenait pour moi une mélodie plus caressante qu'un chant d'amour, qui me disait tant de

choses exquises que je n'ai plus entendues et
que je n'entendrai plus jamais !... Et tant de
bonheurs moins grands : mes flâneries nocturnes au bord de la Seine couverte de reflets
fantastiques, mes longues causeries d'art avec
tous ceux qui ont joué un rôle dans ma vie,
mes émotions d'*homme de lettres* quand mon
nom paraissait sur un livre nouveau, quelque
médiocre que fût le livre, — les femmes que
je n'ai pas aimées, mais qui ont palpité dans
mes bras !... Comment ai-je pu méconnaître
de telles joies ? Comment les fuir ?... Et je ne
les retrouverait jamais !... Et si, par un miracle, je parvenais à les ressaisir, elles tombe-
raient en poussière à mon attouchement !...

XLV

(Sans date.)

Il y a pourtant de bonnes choses : le silence et l'immobilité.

Par cette nuit chaude où pas un souffle n'agite les arbres, on n'entend d'autre bruit que le cri monotone, régulier et mélancolique des salamandres. Sous la lumière blanche de la lune, les feuilles des arbres prennent des teintes argentées. Je les connais toutes, et je m'oublie pourtant à les regarder. Je m'absorbe ainsi de plus en plus dans les choses. Comme les noyers qui ombragent depuis des siècles l'enceinte de l'antique abbaye, je me contente de cette

étroite vallée que je ne désire plus de quitter.
Je me suis laissé gagner par les douceurs de
la vie végétative, dont la languide harmonie
me berce comme un chant de fées. Mon âme
est prête à se perdre dans les plantes et dans
l'air.

Et la terre m'appelle... Je pourrais me coucher sur son sein pour m'endormir dans son
mystère. Je pourrais m'unir à elle plus étroi-
tement qu'à une maîtresse aimée. Je pourrais
lui demander enfin ma part de son inconscience... Ne ferais-je pas mieux que de contempler passivement ses inutiles floraisons !...

FIN

ÉVREUX, IMPRIMERIE DE CHARLES HÉRISSEY

BIBLIOTHÈQUE DES DEUX-MONDES

1, RUE BONAPARTE. — PARIS

ANGE BÉNIGNE
Celles qui nous mènent, 3e édit.
Les Filles mal gardées, 3e édit.
EMILE BERGERAT
Bébé et Cie, 4e édition.
SIMON BOUBÉE
Bouche-Verte, 3e édition.
CAROLUS BRIO
Les Blessés de la vie, 3e édit.
L. DE CHARDONNE
Mitsa, 3e édition
CH. CHINCHOLLE
Les Jours d'Absinthe, 3e édition.
PAUL COSSERET
Tombée !
HENRI DEMESSE
Un martyre ! 2e édition.
Les vices de M. Benoît, 3e édit.
La Petite Dufresnoy, 3e édit.
JULES DEMOLLIENS
Cabotine, 2e édition.
EDMOND DESCHAUMES
Les Monstres roses, 2e édition.
CHARLES DIGUET
Karita, 3e édition.
FRANCIS ENNE
Brutalités, 3e édition
GOURDON DE GENOUILLAC
Au Pays des neiges, 3e édition.

GRAMONT et GINISTY
L'Idée fixe, 3e édition.
L. HUGONNET
La Turquie inconnue.
ALPHONSE LABITTE
Le 108e Uhlans.
LEMERCIER DE NEUVILLE
Les Coulisses de l'Amour, 4e éd
LÉOUZON-LE-DUC
Le Serment du Docteur, 3e édit.
AUGUSTE LEPAGE
Les Dîners de Paris, 3e édition.
ALBERT LEROY
Les Lendemains du bonheur, 2e édition.
CHARLES LEROY
La Boîte à musique, 9e édition.
HENRI LE VERDIER
L'Enfer à deux, 2e édition.
La Joie de mourir, 3e édition.
PAUL LHEUREUX
LES PASSIONNÉS : P'tit Chéri. 5e édition.
La Toquée.
RENÉ MAIZEROY
Petites Femmes, 6e édition.
MALLAT
La Comtesse Morphine, 5e édit.

MELANDRI
La faute d'Yvonne, 3e édition.
CATULLE MENDÈS
Les Contes du Rouet, 6e édition.
CHARLES MONSELET
Encore Un ! 2e édition.
L.-V. MEUNIER
Plaisirs en deuil, 3e édition.
ÉDOUARD ROD
L'autopsie du Docteur Z***, 3e édition.
La Course à la Mort, 4e édition.
MATH. DE St-VIDAL
Un cas de Divorce, 2e édition.
Rosette.
ALFRED DE SAUVENIÈRE
Sylvaine de Vitray, 3e édition.
ARMAND SILVESTRE
Le Livre des Joyeusetés, 10e éd.
Le dessus du Panier, 6e édition.
Les cas difficiles, 6e édition.
STELLO
Sœur Thècle, 2e édition.
VICTOR THIERY
Après la Défaite.
PAULINE THYS
Les bonnes Bêtes, 2e édition.
PAUL VERNIER
Les Dévoyés.

JULES DE GASTYNE . . . . . *Le Roi des Braves.*
RENÉ GHIL . . . . *Légende d'Ames et de Sangs.*
THÉODORE HENRY . . . . . . *La Belle Miette.*
LÉOPOLD STAPLEAUX . . . . *La Chute d'une Étoile.*

ÉMILE BERGERAT. — **Enguerrande.** In-16 carré . . . . **5 fr.**
   1 exemplaire **unique sur parchemin** . . . . (Prix à débattre.)
   50 exemplaires sur Japon, numérotés à la presse, in-4° carré . . . . 60 fr.
   75   Wathman   —   — . . . . . . 40 fr.
   100   Hollande   — . . . . . 30 fr.
   375   vélin . . . . . 20 fr.

F.-J. DE SANTA ANNA NERY. *Le pays des Amazones,* gr. in-8 jésus. illustré. 10 francs.
PAUL MAHALIN. *Les Patriotes,* in-8, broché . . . . 7 —
MALLAT DE BASSILAN. — *Le Roman d'un rayon de Soleil,* broché . . . . . . 7 —
J. BARBEY D'AUREVILLY. *Les Œuvres et les Hommes : Les Critiques ou les Juges jugés,* in-8 broché . . . . 7 fr. 50
A. COPIN. — *Histoire des Comédiens de la troupe de Molière,* in-8° br. . . . 7 fr. 50

TYP. NOIZETTE.